Simon Peng-Keller (Hg.)

Sinnliches Erleben als Weg zur Gottesliebe

Simon Peng-Keller (Hg.)

Sinnliches Erleben als Weg zur Gottesliebe

Scala divini amoris

Übersetzt von Kurt Ruh,
eingeleitet und kommentiert
von Simon Peng-Keller

echter

Der Umwelt zuliebe verzichten wir bei unseren Büchern
auf Folienverpackung.

Bibliografische Information der Deutschen Nationalbibliothek

Die Deutsche Nationalbibliothek verzeichnet diese Publikation in der Deutschen Nationalbibliografie; detaillierte bibliografische Daten sind im Internet über ‹http://dnb.d-nb.de› abrufbar.

1. Auflage 2021

www.echter.de

Umschlag: Umschlag: wunderlichundweigand.de
Umschlagbild: Shutterstock /LedyX
Innengestaltung: Crossmediabureau, Gerolzhofen
Druck und Bindung: CPIbooks – Clausen & Bosse, Leck

ISBN 978-3-429-05614-8

Inhalt

Vorwort

Das poetisch-mystische Kleinod, das hier einem breiten Leserkreis zugänglich gemacht wird, ist ein in verschiedener Hinsicht einzigartiges Zeugnis christlicher Spiritualität. Kein anderes Werk räumt der sinnlichen Wahrnehmung eine derart zentrale Bedeutung für den spirituellen Weg ein. Der mittelalterliche Text *Scala divini amoris* ist uneingeschränkt sinnen- und leibfreundlich. Der Weg zur göttlichen Liebe, den sie vorzeichnet, führt in intensiver Weise über die Sinne. Zu dem originellen Stufenweg, der uns hier begegnet, gibt es keine direkten Parallelen in der christlichen Literatur.

Zwar war es christlicher Spiritualität nie völlig verborgen, dass Sinne Wege sind, die zu Gott führen. Liturgie und religiöse Kunst leben seit jeher von verdichteter Sinnlichkeit. Die *Scala divini amoris* unterscheidet sich von den ihr vorausgehenden Zugängen dadurch, dass sie die Sinne in anderer Weise als bisher üblich einbezieht. Durch die konsequente Orientierung an den fünf Sinnen und den vier Elementen kommt es zu einer Umformung und Elementarisierung religiösen Erlebens. Das Sinnliche, das in der *Scala* die Basis für Bezugnahmen darstellt, ist nur zum Teil kulturell und religiös vorgeformt. Gerade deshalb hat es ein unverbrauchtes Potenzial, das eingewöhnte Sinnbezüge zu weiten vermag.

Auch in sprachlicher Hinsicht ist das Werk einzigartig. Es verbindet Poesie und spirituelle Anleitung auf neue Weise. Verfasst ist es in Altprovenzalisch, einer Sprache, die seit Langem nicht mehr gesprochen und nur von einigen wenigen Sprachforschern studiert wird. Das erklärt, weshalb diese originelle mystische Schrift bis vor wenigen Jahren auch innerhalb von Fachkreisen kaum bekannt war. Es ist dem Spürsinn und der Übersetzungskunst Kurt Ruhs zu verdanken, dass die *Scala* heute ihren über Jahrhunderte verborgenen Zauber verbreiten kann. Der Familie des verstorbenen Gelehrten sei herzlich dafür gedankt, dass sie nun in Buchform erscheinen kann! Meiner Frau Ingeborg Peng-Keller danke ich für die achtsame Lektüre des Kommentars und so manche Anregung zu seiner Verbesserung.

Hinführung

Um das Eintauchen in die Welt der *Scala divini amoris* zu erleichtern, seien einige Hinweise vorangestellt. Entstanden ist der Text um 1300 in der Provence. Er steht im Einflussbereich der franziskanischen Bewegung und der provenzalischen Troubadourdichtung. Die franziskanische Spiritualität und die Dichtkunst der Troubadours treffen sich in der Faszination für die lebensverändernde Kraft der Liebe und der Poesie. Der neue von Franziskus gegründete Orden übte auf die Poeten und Musikanten der damaligen Zeit eine besondere Anziehungskraft aus. Mit Bruder Pacificus gehörte ein erfolgreicher Troubadour, der für seine Dichtung vom Kaiser preisgekrönt worden war, zu den ersten Gefährten des Heiligen.

Die *Scala* trägt keinen Autorennamen. Wer hinter diesem altprovenzalischen[1] Text steht, lässt sich nur mutmaßen. Er könnte von einer poetisch begabten Begine wie Mechthild von Magdeburg geschrieben worden sein. Vielleicht war es ein Franziskaner, der dieses außerordentliche Werk verfasste. Zweifellos ist die Anonymität Programm. Zwar fehlen der *Scala* die persönlichen Töne nicht, doch gehört es zum Gestus der Demut, sich als Autor oder Autorin zu verbergen. Da das Geschlecht des Verfassers unklar ist, benutze ich im Folgenden die beiden Bezeichnungen wechselweise.

---

1 In der Fachliteratur hat sich die Bezeichnung ‚Okzitanisch' durchgesetzt, vgl. Christine Felbeck/Johannes Kramer, Troubadourdichtung. Eine dreisprachige Anthologie mit Einführung, Kommentar und Kurzgrammatik, Tübingen 2008, XLf.

Die *Scala* wahrt das Geheimnis ihrer Autorin. Doch verrät sie uns etwas über ihre Adressaten. Mit der Wahl der Volkssprache wendet sie sich an ein Laienpublikum, das des Lateinischen, der damaligen Universal- und Gelehrtensprache, nicht mächtig war. Gleich zu Beginn werden spirituell suchende und erfahrene Menschen angesprochen: Menschen, „die sich auf Gottes Liebe verstehen". Ihnen möchte die *Scala* neue Wege weisen. Sie tut dies in einer Weise, die kaum Vorläufer kennt. Gleichwohl lassen sich Quellen benennen. Um das Verständnis der *Scala* zu erleichtern, blicke ich kurz auf einen Text, der sie besonders inspiriert haben dürfte: den Sonnengesang des Franziskus.

Im Hintergrund dieses berühmtesten aller franziskanischen Texte steht ungenannt die Auseinandersetzung mit den Katharern. Diese ebenfalls in der Provence beheimatete Bewegung hatte manche Ähnlichkeit mit der franziskanischen Bruderschaft. Doch hatte die radikale Armut, die beiden Bewegungen gemeinsam war, unterschiedliche Gründe. Die Katharer vertraten eine streng dualistische Weltsicht. Die materielle Welt betrachteten sie als Pfuschwerk eines bösen Gottes. Die Armut war ein Mittel, sich vom Dreck der Welt zu reinigen. Ihr Name, der vom griechischen Wort *katharsis (*Reinigung) abgeleitet ist, verweist auf ihr Selbstverständnis. Sie sahen sich als Gereinigte in einer unreinen Welt.

War es Weltverachtung, die die Katharer zu einem Leben in radikaler Armut motivierte, so war es auf der anderen Seite eine mystische Weltsicht, die die franziskanische Armut inspirierte. Franziskus nahm auch dort noch Spuren von Gottes Liebe und Schönheit wahr, wo andere nur Elend, Schmutz und Dunkelheit sahen. Um die Gotteserfahrung zu artikulieren, spricht Franziskus, wie die mittelalterliche Mystik vor ihm, mit Vorliebe von ‚Süße'. Sie steht für den Trost, für die unbändige Freude, die dort entspringt, wo Menschen mit der Gegenwart Gottes in Berührung kommen. Dieses Berührtwerden hatte einen sinnlichen Anknüpfungspunkt: die Begegnung mit dem Aussätzigen. In seinem Testament hält er sie als wichtigstes Moment seiner Lebenswende fest. Er beschreibt sie nicht allein als Sinneswandel, sondern auch als Transformation seines sinnlichen Erlebens. Was ihm zuvor bitter war – die Konfrontation mit dem stinkenden Elend der Aussätzigen –, habe sich „in Süßigkeit der Seele und des Leibes" verwandelt.[2] Noch im Bittersten die Süße von Gottes Gegenwart wahrnehmen zu können: darin gipfelt auch der Sonnengesang, wenn er das Lob auf ‚Schwester Tod' anstimmt. Franziskus spannt darin ein außerordentlich weites Spektrum sinnlicher Gotteserfahrung auf, das die *Scala* reich ausgestalten wird.

Werfen wir einen ersten Blick auf ihren Aufbau. Bei allem poetischem Überschwang zeigt sie eine klare und konsequente Struktur, die sich wie der Sonnengesang an der Ordnung der Welt orientiert. Während jedoch der Sonnengesang eine absteigende Bewegung nachzeichnet, beschreibt die *Scala* einen spirituellen Aufstieg. Die fünf Sinne markieren fünf Wegstufen. Auf jeder Stufe werden die vier Elemente – Erde, Wasser, Luft und Feuer – durchschritten. Aus dem achtsamen Wahrnehmen der vielgestaltigen Welt der Sinnlichkeit

---

2 Vgl. Leonhard Lehmann (Hrsg.), Das Erbe eines Armen. Franziskus-Schriften, Kevelaer 2003, 75.

kommt es zur spirituellen Erhebung – ganz mühelos und wie von alleine.

Schwierigkeiten bereiten heutigen Leserinnen und Lesern die märchenhaft wirkenden naturkundlichen Bemerkungen des Autors. Aus der franziskanischen Inspiration lässt sich für solche Stellen und für das gesamte Werk ein Leseschlüssel gewinnen, der die Tür zu einer anregenden Lektüre öffnet. Ähnlich wie der Sonnengesang leitet die *Scala* zu einem Perspektivenwechsel an. Sie lädt uns ein, die sinnlich zugängliche Wirklichkeit, in der wir uns wie Fische im Meer bewegen, einmal anders und neu wahrzunehmen. Sie benutzt dazu das Mittel der poetischen Überzeichnung und Neubeschreibung. Auf diese Weise öffnet sie den Blick für das, was wir meist übersehen: die Präsenz Gottes in allem – als geheimnisvolle Gegenwart, die alles ‚süß' macht. Wir nehmen diese nur wahr, wenn wir uns auf sie einlassen, uns ihrer verwandelnden Kraft aussetzen. Unsere Sinne müssen sich für neue Qualitäten öffnen. Nur in geduldigem Verkosten, Ertasten und Lauschen zeigt sich, dass Gott so einfach und subtil ist, „dass er in allen Kreaturen näher und tiefer ist, als es jedes Geschöpf von sich aus ist" (Prolog).

Mit ihren wunderlichen Aussagen möchte die *Scala* weniger zum Nachdenken anregen, als ein neues und frisches Wahrnehmen wecken. Die poetische Neubeschreibung dient als literarisches Kaleidoskop. Es ermöglicht eine sinnliche Welt- und Selbsterschließung im Horizont der göttlichen Liebe. Nicht naturkundliche Präzision ist das Darstellungsziel, sondern die Wirklichkeit der göttlichen Liebe, die allein Poesie und verwundertes Staunen zu erschließen vermag. Um die Nähe Gottes zu entdecken, müssen bestimmte Wirklichkeitsvorstellungen zurückgelassen und überstiegen werden. Der Weg führt zu achtsamem, sinnlichem Wahrnehmen. Darin trifft sich die *Scala* mit der pointierten Aussage von Fritz Perls, dem Begründer der Gestaltpsychotherapie: „Lose your mind and come to your senses!" – „Verliere deinen Verstand und komm zu deinen Sinnen!"

Der poetischen Freiheit bezüglich biologischer Genauigkeit entspricht eine theologische Unbekümmertheit. Nach Kurt Ruh ist der spielerische Umgang mit autoritativen Texten kennzeichnend für die *Scala*. Die theologische und spirituelle Tradition wird verflüssigt und verlebendigt. Die leitende Absicht tritt im Bauplan des Werks deutlich hervor. Entgegen der verbreiteten Tendenz, den mystischen Aufstiegsweg als Weg der Entsinnlichung zu verstehen, sieht die *Scala* in der Sinnlichkeit des Menschen nicht ein Hindernis, sondern ein geeignetes Therapeutikum gegen die Wahrnehmungsschwäche, die verhindert, dass das menschliche Sein von göttlicher Liebe durchflutet wird.

Wie originell und neuartig eine solche sinnenfreundliche Spiritualität ist, die die *Scala* um das Jahr 1300 nahelegt, lässt sich durch den Vergleich mit einer spirituellen Wegskizze herausarbeiten, die ihr thematisch näher steht als alle bekannten Modelle der christlichen Spiritualitätsgeschichte. Sie findet sich in einer illuminierten Handschrift, die in der zweiten Hälfte des 12. Jahrhunderts in einem Heilbronner Kloster entstand (Abb. 1 auf S. 16).[3] Die beschriftete Zeichnung zeigt eine gewundene Leiter mit 13 Sprossen. Die ersten fünf entsprechen denjenigen der *Scala*. Es sind die fünf Sinne,

3 Vgl. Robert Jütte, Geschichte der Sinne. Von der Antike bis zum Cyberspace, München 2000, 91f.

allerdings in umgekehrter Reihenfolge. Eine nackte jugendliche Gestalt, die personifizierte Seele des werdenden Menschen, zieht sich die ersten Stufen hoch. Nach der fünften Stufe, die dem Tastsinn zugeordnet ist, gabelt sich der Weg. Vier Sprossen führen nach oben zu einem befestigten himmlischen Palast, vier nach unten zu einer auf dem Kopf stehenden Festung der Unterwelt. Die nach oben gehenden Stufen stehen für die vier Kardinaltugenden (Mäßigung, Klugheit, Tapferkeit, Gerechtigkeit), die absteigenden für die entgegengesetzten Laster. Eine schlicht gekleidete Gestalt steigt die vier Tugendstufen zu einem himmlischen Palast hoch, wo sie von Christus erblickt und erwartet wird. Bei ihrem mühevollen Aufstieg erfährt sie dreifache Unterstützung. Sie wird gehalten durch die sieben Gaben des Heiligen Geistes, die von der rechten Hand Christi ausgehen, hochgezogen durch einen Engel und ermutigt durch Maria und Johannes den Täufer, die als Fürbitter wirken. Kontrastiv dazu fällt eine elegant gekleidete Gestalt kopfüber die vier abwärts führenden Stufen hinunter. Ihr Fall wird dreifach beschleunigt. Sie wird von einem Teufelchen geritten, das sie mit einer Gabel mit der Aufschrift *prava consuetudo* (schlechte Gewohnheit) am Nacken nach unten drückt. Durch die sieben Todsünden wird sie von einem Oberteufel nach unten gezogen. Und sie wird entmutigt und verwirrt durch den lautstarken Applaus von drei weiteren Unterteufeln.

Originell und mit der *Scala* verwandt ist der untere Teil dieser Heilbronner Leiter. Die Sinne werden nicht als Einfallstor für verschiedenartige Versuchungen gezeichnet, sondern als Steigbügel, die für den geistlichen Weg grundlegend und förderlich sind. Der zweite Teil der Leiter folgt hingegen konventionellen Mustern. Die Gabelung markiert die Entscheidung zwischen dem Weg der Tugend, der über die sinnliche Welt hinausführt, und dem Weg des Lasters, der den sinnlich verstrickten Menschen abstürzen lässt. Anders als in der *Scala* bilden die fünf Stufen hier nur die Vorstufe für die entscheidende Wegetappe. In der *Scala* sind sie dagegen die Hauptstufen, die direkt zur göttlichen Liebe hinführen und sie weltlich realisieren.

Der *Scala* näher steht eine Darstellung des Menschen als Mikrokosmos (Abb. 2 auf S. 17), die sich im Glossar des Salomon von Konstanz findet (entstanden um 1160).[4] Der Mensch mit dem Antlitz Christi ist als Mikrokosmos gezeichnet, der sich mit dem Strahlenkranz seiner Sinne dem Makrokosmos öffnet und sich mit den vier Elementen verbindet, wodurch das Innere und das Äußere in eine dynamische Balance finden.

Wie in dieser Zeichnung versteht die *Scala* die fünf Sinne als leibliche Gestalt menschlicher Gottempfänglichkeit. Der moralisierende Gestus, der sich in der Heilbronner Zeichnung findet, ist der *Scala* fremd. Sie stellt vor die Sinnlichkeit nicht die Warntafel „Achtung Absturzgefahr", sondern wirbt um Sensibilisierung. Über dem Eingangstor zur *Scala* könnte stehen: „Willkommen zum mystischen Weg der Sinne!"

4 Vgl. Carl Nordenfalk, Les Cinq Sens dans l'art du Moyen Age, in: Revue de l'Art 34 (1976), 17–28, hier: 17; Jens Rüffer, Orbis Cisterciensis. Zur Geschichte der monastischen ästhetischen Kultur im 12. Jahrhundert, Berlin 1998, 233f.

Abb. 1: Handschrift aus einem Heilbronner Kloster,
Universitätsbibliothek Erlangen, Cod. 8, fol. 130v (2. Hälfte 12. Jht.)

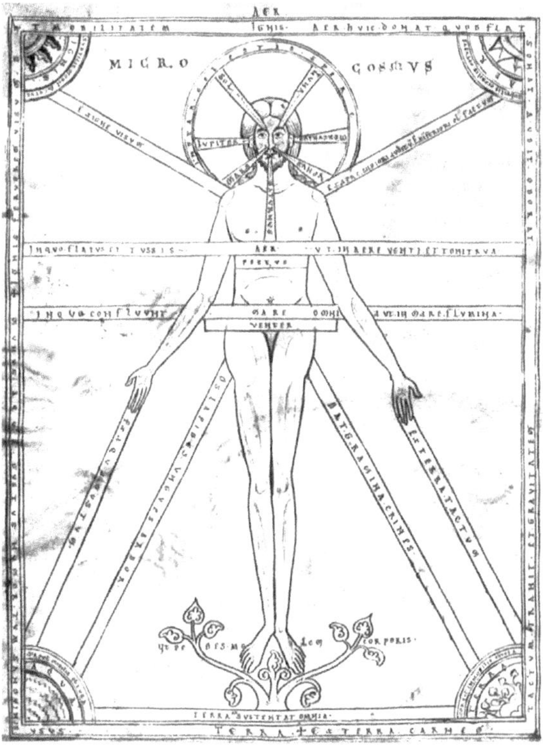

Abb. 2: Aus dem Glossar des Salomon von Konstanz (entstanden um 1160), Bayerische Staatsbibliothek Cod. 13 002, fol. 7 v.

Stufen zur Gottesliebe

Prolog

Zur Ehre und zum Ruhm der süßen Gottesliebe will ich den Seelen, die sich auf Gottes Liebe verstehen, die große Unkenntnis und die große Undankbarkeit meiner Seele bekennen – damit sie Gott mehr lieben, als sie zu tun pflegen, und sie Erbarmen haben mögen über meine Seele, die (unseren) Gott nicht lieben will.

Manchmal geschieht es, dass, wenn ich meine Seele bitte, Gott zu lieben, sie mir antwortet, dass sie es nicht vermag. Und ich will ihr vorführen, dass sie auf heuchlerische Weise lügt und sich undankbar äußert.

Und nun sage ich zu Beginn, um das „Offizium der Liebe“ zu begründen, dass Gott so mächtig und so groß ist, dass alle Geschöpfe in ihm sind.

Und er ist so einfach und so subtil, dass er in allen Kreaturen näher und (in allen) tiefer ist, als es jedes Geschöpf von sich aus ist.

Und danach sage ich, dass meine Seele ohne alle Belehrung von anderen wohl weiß, dass Süßigkeit gut zu schmecken und Sanftheit gut anzufassen und Geruch gut zu empfinden und Gesang gut zu hören und Schönheit und Klarheit gut zu sehen sind.

So möget ihr deshalb sehen, wie unwissend und undankbar meine Seele ist. Denn ich sage, dass in jeder Kreatur, die unter dem Himmel ist, es Süße zu schmecken, Sanftheit und Geruch zu empfinden und Gesang zu hören und Schönheit und Klarheit zu sehen gibt.

Und hernach sage ich, dass – weil Gott die größte erdenkliche Süße ist und die süßeste Sanftheit und der angenehmste Gesang und der sanfteste Geruch und die ergötzlichste Schönheit, die es gibt – notwendig jede Süßigkeit und jede Sanftheit und jeder Gesang und jeder Geruch und jede Schönheit, die sich in der Schöpfung findet, in Gott ist.

Und daher, weil Gott einfacher und subtiler ist als jedes Ding, das existieren kann, ergibt sich ebenso notwendig, und zwar zwingend notwendig, dass er näher und tiefer in jedem Geschmack und in jeder Sanftheit und in jedem Geruch und in jedem Gesang und in jeder Schönheit ist, als irgendeine dieser Erscheinungen es in sich selbst ist.

Nun möget ihr also sehen, wie unwissend und undankbar meine Seele ist, die ja alle diese Güter in den Geschöpfen zu lieben versteht und trotzdem erklärt, dass sie Gott nicht zu lieben vermag, der alle diese Güter in sich hat und der tiefer ist in jedem dieser Güter als irgendeines an sich selbst.

Sicher gibt es keinen Zweifel, dass meine Seele heuchlerisch lügt, wenn sie sagt, dass sie Gott nicht zu lieben vermag, aber ich sage die Wahrheit, wenn ich erkläre, dass sie Gott nicht lieben will.

Und obwohl die Seelen, die klaren Verstand haben, verstehen können, dass das, was zuvor (oben) gesagt worden ist, die Wahrheit ist, will ich es dennoch zur größeren Beschämung und zur größeren Schande meiner Seele höchst eindringlich unter Beweis stellen, und dies in einigen Beispielen und Belegstellen aus der Hl. Schrift.

Jetzt also möget ihr hören, wie meine Seele in jeder einzelnen Kreatur verwirrt und beschämt wird.

Ich sage, dass alle Geschöpfe dieser Welt aus Erde, Wasser, Luft und Feuer (gebildet) sind, und außerdem, dass in jedem dieser vier Elemente es Süßigkeit, Sanftheit, Geruch, (Gesangs)melodie und Schönheit und Klarheit gibt.

1. Stufe: Schmecken

I.

Jetzt lasst uns zunächst die Erde betrachten. Ich sage, dass es in der Erde höchste Süßigkeit zu kosten gibt, denn aus der Erde entsprießen die Kräuter, und aus den Kräutern entsprießen die Blüten, und aus den Blüten tropft der Honig.

Und aus der Erde entsprießen Bäume und aus den Bäumen die Früchte, die so süß sind. Und aus der Erde erwachsen alle anderen so köstlichen Lebensgüter, von denen der Mensch lebt.

Und dies könnte in keinem Fall geschehen, wenn die Süßigkeit des Honigs und die Süßigkeit der Früchte und die Süßigkeit der anderen Lebensgüter nicht tief in der Erde verborgen und verdeckt wäre[n].

Und so haben es die Weisen dieser Welt gesagt. Dies ist die Erde, die Gott den Söhnen Israels versprach, als er sagte: „Ich werde euch führen in ein Land, das überfließt von Milch und Honig.“[5]

II.

Daraufhin sage ich, dass es im Wasser große Süßigkeit gibt. Denn dies sagen die Weisen: die Wasser seien so süß von Natur, dass der Mensch [sie] nicht zu trinken vermöchte, wenn nicht die Erde, auf der sie dahinfließen, ihnen ein wenig von ihrer Süßigkeit nehmen würde.

Der Hl. Ambrosius sagte, dass die Fische im salzigen Meer leben von der Süßigkeit, die sie daraus zu ziehen und

---

5 Ex 3,8.

zu saugen wissen. Und einige Fische leben von der Süßigkeit, die sie aus den Steinen, die im Meer sind, herausholen und heraussaugen.

Von dieser Süßigkeit der Wasser spricht Salomo, wenn er sagt, dass die verborgenen Wasser süßer sind als die anderen.[6] Denn sicherlich: eine Seele, die diese Süßigkeit der Wasser empfinden will, muss sich verbergen, ganz allein und völlig sanft.

Es verhält sich wohl so, dass die Quelle süß war, von der die Schrift spricht, wenn sie sagt, dass eine Quelle aus dem Ort der Freude entspringt, um das Paradies zu bewässern.[7] O Gott, wie süß ist es doch, den Mund an diese Quelle zu setzen!

III.

Daraufhin sage ich, dass es in der Luft große Süßigkeit gibt. Denn der Tau ist nichts anderes als Luft, die sich in Wasser verwandelt. Und es ist ganz offensichtlich, dass unsere Körper und das Gras und die Blumen, die am Tag trocknen und bitter werden durch die Wärme der Sonne, in der Nacht ihre Süßigkeit und ihre Kraft zurückgewinnen durch die Süßigkeit des Taus.

Und wir wissen, dass, je nachdem die Luft reiner ist in den verschiedenen Ländern, so sind auch die Früchte süßer. Und weil im Irdischen Paradies die Luft reiner und klarer ist als an irgendeinem anderen Ort der Erde, deshalb sind die Früchte, die es dort gibt, süßer, so wie es in der Schrift steht.

---

6 Spr 9,17.
7 Gen 2,10.

IV.

Und danach sage ich, dass im Feuer große Süßigkeit ist. Denn wir nehmen ganz offensichtlich wahr, dass der Brotteig, das Gemüse und die anderen Lebensmittel, die in rohem Zustand bitter sind, sich durch die Wärme des Feuers in Wohlgeschmack verwandeln. Und wir beobachten, dass doch die Früchte nicht reif würden noch zur Süßigkeit kämen, wenn es nicht die Wärme der Sonne gäbe, die die Natur des Feuers stärkt, das in den Früchten ist.

Jetzt also könnt ihr erwägen, ob Gott für meine Seele so wohlschmeckende Nahrung bereithält, Gott, der so viele und so große Süßigkeit in die Erde gelegt hat und in das Wasser und in die Luft und in das Feuer und in alle anderen Kreaturen, in denen es diese (Süßigkeit) gibt.

Dies ist *es,* was David der Prophet spricht: „O Herr, groß ist die Fülle deiner Süßigkeit, die du bereit hältst für die, welche dich fürchten."[8]

V.

Verborgen ist die Süßigkeit Gottes inmitten der Erde, im Wasser, in der Luft und im Feuer. Und inmitten der Süßigkeit der Geschöpfe ist sie verborgen und eingeschlossen.

O weh, so gelähmt und so schwach ist meine Seele, dass diese Süßigkeit jeden Tag durch den Mund geht und sie deren Geschmack nicht wahrnimmt.

Und sicher liegt dies nicht am Mangel an Erkenntnis, sondern am Mangel der Liebe, die alle Dinge schmackhaft und ergötzlich macht. Denn im Geschmack der Dinge finden und kosten die Geschöpfe die Süßigkeit Gottes.

---

8 Ps 30,20.

Und dies ist die erste Stufe, die erforderlich ist zum Aufstieg der Seele, wenn sie in den Palast der Liebe eintreten will: dass sie nämlich in der Süßigkeit aller Geschöpfe die große Süßigkeit Gottes finden und empfinden möge. Gewiss, meine Seele hat diese Stufe nicht erklommen.

2. Stufe: Spüren

I.

Und danach sage ich, dass es in der Erde große Sanftheit des Berührens gibt, denn unsere Körper, die so sanft zu berühren sind, kommen aus der Erde.

Und aus der Erde kommt das Fleisch der Tiere, und aus dem Fleisch erwachsen die Felle, die so weich und so sanft zu berühren sind.

Und ich versichere, dass keine Sache sanft zu berühren ist, es sei denn dadurch, dass die Sanftheit Gottes darin ist, die sich in aller Sanftheit befindet, die einem Geschöpf innewohnt.

Und in figürlicher Auslegung sagt die Schrift dazu, dass Rebecca, als sie wollte, dass Jakob den Segen bekommen sollte, sie ihm Hals und Hände mit Fellen umgab in der Absicht, Isaak, sein Vater, möge ihn bei der Berührung weich und sanft finden.[9]

II.

Daraufhin sage ich, dass das Wasser weich und sanft zu berühren ist, und deshalb badet der Mensch gerne darin.

Und auch die Fische vergnügen sich sehr in der sanften Berührung des Wassers.

Wohl scheint es, dass das Wasser den Propheten David sanft berührt hatte, wenn er sagt: „Ich habe mich ausgebreitet in dem vergossenen Wasser und alle meine Gebeine sind so gelöst und mein Körper dahingeschmolzen wie Wachs."[10]

9 Gen 27,5–29.
10 Ps 21,15.

Wohl hatte es ihn sanft berührt, denn es ließ auf diese Weise seinen Körper schmelzen und dahinschwinden wie Wachs.

III.

Danach sage ich, dass die Luft höchst sanft zu berühren ist. Und deshalb geht man gerne, um sich zu vergnügen, auf die Hügel und in die Berge. Denn ein großes Vergnügen ist es, die Reinheit der Luft zu fühlen, obwohl man sie wegen ihrer Zartheit nicht sieht.

Und wir beobachten, dass einige Vögel wegen der Sanftheit der Berührung der Luft, die ihren Körper berührt, sich in der Luft befinden wie entrückt, so dass sie sich nicht entfernen von einem Ort, noch bewegen während einer langen Zeit. Dazu sagt ein Lehrmeister, dass die Natur einiger Fische darin besteht, dass sie nachts aus dem Wasser herauskommen und bei der Sanftheit der Berührung der Luft und des Taus Edelsteine empfangen.

Wie groß ist folglich die Sanftheit der Berührung der Luft, die die Vögel entrückt und die Fische zur Empfängnis von Edelsteinen bringt!

IV.

Danach sage ich, dass das Feuer in seiner reinen Natur sanft zu berühren ist, obwohl es uns rau und stechend erscheint, denn jene Rauheit gibt es nur wegen irgendeines irdischen Rauches.

Wir sehen doch, dass das Feuer den Rost und die Rauheit des Goldes und des Silbers entfernt und sie glatt und sanft zu berühren macht.

Wohl könnt ihr erkennen, wie sanft jenes Feuer berührte, welches Moses sah, denn es brannte im Busch und nahm weder den Blättern ihre grüne Farbe noch den Blumen ihre Schönheit.[11]

Und von diesem Feuer spricht Jeremias, wenn er sagt: „Von da droben, dem Himmel, hat er (Gott) Feuer in meine Gebeine gesandt."[12] Und um mich sanft zu belehren, verbrennt dieses Feuer alles Mark in meinen Gebeinen.

Denn dieses Feuer, so sagt Herr St. Gregorius, belehrt die Seele, sobald es sie berührt. Und sein Berühren ist nichts anderes als Belehren. Folglich können alle große Lehrer sein, die seine Schüler sind, und brauchen vor dem Lohn nicht zu bangen. Denn der Meister pflegt keine Bezahlung entgegenzunehmen. Denn er unterrichtet gerne und mit lauterer Liebe.

V.

So also müsste meine arme selige Seele die Sanftheit Gottes finden, die in der Sanftheit der Geschöpfe ist. Und dies ist die zweite Stufe, auf der die liebenden Seelen hinaufsteigen in den Palast der Liebe: nämlich, wenn sie in aller Sanftheit, die in einem Geschöpf ist, die Sanftheit Gottes fühlen, die so sanft das Mark der Gebeine berührt und sich in die Gebeine einschließt.

„O Herr Gott", sagt Salomo, „so gut und so sanft ist dein Geist in uns!"[13]

---

11 Ex 3,4.
12 Klgl 1,13.
13 Weish 12,1.

3. Stufe: Riechen

I.

Ferner gibt es in der Erde überströmenden Geruch, denn aus der Erde sprießen die Kräuter, aus denen man die Geruchstoffe in den Salben gewinnt. Und aus der Erde kommen die Blüten der Früchte, die so stark riechen.

Und ich erkläre, dass der Geruch in ihnen von der großen Feinheit im Geruch der Gewürze und der Salben und drinnen im Geruch der Blumen und der Früchte herrührt.

Denn sicherlich, der Geruch der Spezereien, der Salben, der Blumen und der Früchte wäre nicht (dieser) Geruch, wenn nicht der Geruch Gottes in ihnen wäre, der alles, was es auf dieser Welt gibt, wohlriechend macht.

Und in figürlicher Weise sagt dazu die Schrift: Isaak sprach zu Jakob, als er ihn segnete: „Der Geruch meines Sohnes ist wie der Duft des reifen Feldes, das Gott gesegnet hat."[14]

Dieses Feld voll von Düften ist diese Welt, die in ihren Blumen, ihren Früchten, ihren Gewürzen und ihren Salben den Geruch Gottes in sich verborgen hält.

Jetzt möget ihr sehen, wie es Magdalena am Donnerstag des Abendmahls so klar zeigt, dass der Duft Gottes eingeschlossen und verborgen ist im Duft der Salbe.

Sie nahm ein großes Gefäß aus weißem Marmor, das voll war von Salbe, und goss es auf das Haupt von Jesus Christus, der beim Essen war. Und das Evangelium sagt, dass das ganze Haus sich mit Duft erfüllte.

---

14 Gen 28,27.

„Gott", so sagt Herr St. Johannes der Evangelist: „Dein Duft hat umfangen meine Seele mit Sehnen und unstillbaren Wünschen!"

O weh, so böse ist meine Seele, die diesen so großen und so süßen Duft nicht fühlen kann.

II.

Danach sage ich, dass das Wasser große Süßigkeit hat. Denn im Wasser findet man Ambra, einen Duftstoff, der überaus wohl riecht. Und einige Fische gefallen sich so sehr in diesem Duft, dass sie sich gefangen nehmen und töten lassen.

Und von dieser Süße des Wassers spricht Hiob sehr köstlich und zum großen Trost meiner Seele, wenn er sagt: „Der Baum hat Hoffnung, denn wenn er einmal gefällt ist, wird er erneut (in seinen Sprösslingen) grünen und seine Zweige werden wachsen. Und wenn die Wurzel eines Tages alt wird und der Stumpf im Staub erstirbt, wird er erneut aufleben durch den Dunst des Wassers"[15] und wird eine Blütenkrone treiben, so wie er zum ersten Mal gepflanzt worden war.

O Gott, so köstliche Belehrung liegt in dieser Tröstung zur Hilfe für meine Seele, gealtert im Land der Fleischlichkeit und erstorben im Staub der Eitelkeit.

III.

Danach sage ich, dass es in der Luft großen Duft gibt. Denn die meisten Düfte, die wir wahrnehmen, sind in der Luft. Und die Weisen der Welt sagen, dass keines der Elemente so sehr geeignet ist, Düfte aufzunehmen wie

15 Hiob 14,7–9.

die Luft. Und wir, die wir dies ganz offensichtlich wahrnehmen, empfinden den Duft in der Luft, auch nachdem die duftenden Dinge uns entzogen sind.

Und einige Vögel gehen auf die Suche nach Nahrung vom einen zum anderen Land vermittels des Duftes, den sie in der Luft fühlen. So sagen es die Weisen der Welt und auch die Heiligen, die mit ihnen übereinstimmen.

IV.

Danach sage ich, dass es im Feuer großen Duft gibt. Denn ganz klar sehen wir, dass die Kräuter und die Gewürze, wenn man sie ins Feuer wirft, sehr viel stärker riechen, als sie es auf andere Art tun. Und die Äpfel riechen sehr viel stärker, wenn man sie in den Händen hält, als in einer Kiste, und zwar deshalb, weil die Wärme der Hände sie berührt.

Und von diesem Duft spricht Salomon, wenn er sagt: „O Herr Gott, dein Duft ist wie der Duft von Rosen in der Maienzeit und wie Duft von Lilien, die neben dem Wasser stehen“[16] oder wie Duft von Reisig, welches duftet in der Zeit des Sommers oder wenn es brennt im Ofen.

V.

So müsste meine arme Seele im Duft der Geschöpfe den Duft Gottes empfinden, durch den alle Geschöpfe duften. Aber sicherlich, meiner Seele fehlt das Feuer der Liebe. Und deshalb kann sie den großen Duft der Salben und der Gewürze Gottes nicht empfinden.

Dies ist die dritte Stufe, auf der man hinaufsteigt in den Palast der Liebe, nämlich wenn sie im Duft der Geschöpfe

---

16 Sir 50,8.

zu fühlen vermag den süßen Duft Gottes, welcher der Duft der liebenden Seelen ist, insofern er sie empfinden lässt einen neuen Duft, den sie vorher niemals wahrnehmen konnten.

4. Stufe: Lauschen

I.

Danach sage ich, dass es in der Erde eine wunderbare Melodie gibt, die sehr süß und angenehm zu hören ist. Denn aus der Erde kommen die Metalle, aus denen man die Kreuzeszeichen und Glocken macht, die uns jeden Tag einladen, Gott zu loben.

Und aus der Erde kommen die Bäume, aus denen man die Violen macht und Lauten und andere Instrumente, die jeden Tag bitten, Gott zu lieben. Denn Gott hat so große Süße in die Instrumente gelegt zum Trost der Ohren unseres Leibes, wodurch unsere Seelen sich bereit machen und sich anschicken, die süße Melodie, die von der sanften Liebe Gottes kommt, wahrzunehmen und zu verstehen.

Und von dieser Stimme und von diesem Klang spricht Herr St. Johannes in der Apokalypse, wenn er sagt, dass er die Heiligen hörte, die ein Lied vor Gott und vor dem Lamm sangen, so dass die Erde widerhallte und erklang von der gewaltigen Melodie ihrer Stimme.[17]

Und eben dies meint Ezechiel, wenn er sagt, dass man den Ton der Engelsflügel, die aneinanderschlugen vor Gott, in der Vorhalle draußen hörte.[18]

Eines der größten Wunder, die man kennt in dieser Welt, besteht darin, dass meine Seele nicht stirbt und nicht außer Sinnen gerät, wenn sie hört, dass der Himmel und die Erde widerklingen vom Gesang und vom Klang, den die Flügel der Engel machen und die Heiligen im Paradies,

---

17 Offb 5,8f.
18 Ez 10,5.

die übereinstimmen mit der Süße des Gesangs und des Klangs, der da kommt von Gott.

Sicherlich, es scheint wohl so, dass jener diesen süßen Klang, den die Geschöpfe machen, gehört hat, der da sagt: „Ich bin eine Stimme, die ruft in der Wüste: ‚Bereitet den Weg für Gott, der da kommen soll'".[19] So spricht der ruhmreiche Täufer. Denn es schien ihm so, dass jedes der Geschöpfe aus sich selbst eine Stimme gemacht hatte, um Gott zu loben.

Und weil die Ohren das Herz mit dieser Stimme erfüllt hatten und er von diesem Klang sagte, dass er eine Stimme war, die ruft, dass man den Weg für Gott bereiten solle, deshalb hallt die Erde wider.

II.

Danach sage ich, dass es im Wasser einen großen Klang und eine große Stimme gibt. Nehmen wir doch wahr, dass die Wasser, die reichlich fließen, großen Klang erzeugen. Und wir wissen, dass die Wellen des Meeres, wenn sie schlagen, großen Klang erzeugen: weil das Meer überschäumt und eine der Wellen vor der anderen ans Ufer hinausströmen will.

Und von diesem Klang und dieser Stimme spricht David, wenn er sagt: „Die Wellen der Flüsse haben sich erhoben durch die Stimme der Wasser."[20] Die Wellen des Meeres sind wunderbar, jedoch wunderbar(er) ist Gott.

O ruhmreicher Gott, wer kann hören und wer kann wahrnehmen die große Süße dieser Lehre!

---

19 Joh 1,23.
20 Vgl. Ps 92,3f.

Dies besagt sie, dass die Wellen der Flüsse unserer Andacht sich erhoben haben durch die Stimme der Wasser, die immerzu rufen, man solle Gott lieben.

Weiter sage ich, dass die Wellen des Meeres wunderbar sind, wunderbar(er) jedoch ist Gott. Dies will besagen, dass so, wie von den Wellen die eine die andere hält und sie das Meer überfließen und über die Ufer treten lassen, so treffen die Wellen der Liebe Gottes aufeinander und hält die eine die andere und machen Gott gleichsam töricht und wie trunken überschäumen und über die Ufer treten, so dass er nicht mehr Vernunft und Grenze und Maß zu halten weiß.

Doch ist es notwendig, dass die Wollenden und Nichtwollenden von dem Wasser bekommen.

Erwäge nunmehr ein süßes Beispiel von den Wellen der Liebe Gottes, wie sie aufeinandertreffen und sich gegenseitig treiben.

Es sagt der Evangelist, dass Jesus die Seinen geliebt hatte, die in der Welt waren. Und er liebte sie bis zum Ende.[21]

Nun also schau auf die Welle der ersten Liebe, wie sie traf und überschwappte auf die Welle der letzten Liebe.

Aber sicher, ich vermag es nicht zu sagen, und du weißt nicht, wie du es verstehen sollst, was für eine Torheit und Trunkenheit es war, was die liebende Liebe Gottes die verschlossenen Dinge und Reusen aufbrechen, die Brücken und die Mühlen mitreißen und so töricht und so irre sie über die Ufer hinausgreifen ließ.

Wer weiß schon, ob der Gott meines Herzens Vernunft oder Schranke, Sinn oder Maß beachtete. Ich bete zu Jesus

21 Joh 13,1.

Christus, er möge mir nicht gewähren, aus dieser Welt zu gehen, bevor meine Seele in diesen Wellen ertrunken ist.

III.

Hierauf sage ich, dass es in der Luft sehr süßen Klang zu hören gibt. Denn all die Klänge, die wir hören, sind zunächst in der Luft, und durch Luft gelangen sie zu unseren Ohren. So beobachten wir, dass die Vögel lieber in der Luft als auf der Erde singen.

Und die Lehrmeister sagen, dass die Natur der Nachtigall darin besteht, dass sie – und zwar zu der Zeit, wo sie verliebt ist – sich so stark ergötzt in ihrem Gesang und darin so großes Vergnügen findet, dass sie in der Luft ganz von Sinnen ist, nichts mehr sieht und nichts mehr hört, und man sie vielmehr mit der Hand fassen könnte, ohne dass sie sich bewegte. Und es geschieht manchmal, dass eine so große Süße ihr Herz erfasst, dass sie auf die Erde fällt wie tot.

O Herr Gott, wie ist es möglich, dass die Vögel so außer Sinnen geraten[22] und zur Erde fallen durch die Süße ihres eigenen Gesangs!

O weh, nicht fallen hernieder und nicht sterben durch die Süße des Gesangs Gottes die Engel, auch wenn sie ihn nicht ertragen und erdulden können.

Vielmehr erkläre ich für gewiss, dass die Engel des Paradieses die Sinne verlieren und niederfallen würden durch die Süße des Gesangs Gottes. Sie könnten ihn nicht ertragen, wenn nicht die Liebe wäre, die ihnen in der Glut immerzu neue Kraft gewährt.

---

22 descenan.

Und so könnt ihr eines der Geheimnisse der Liebe verstehen, nämlich dieses: dass kein Mensch das Paradies begehren soll durch irgendeine andere Glückseligkeit als die Liebe. Denn die Süße Gottes und die anderen Glückseligkeiten, die in ihm sind, würden die Seelen sterben lassen und zunichte machen, wenn die Liebe nicht wäre, die sie zu Kräften bringt und ihnen hilft, die Melodie des Gesangs Gottes und die anderen Glückseligkeiten zu ertragen.

IV.

Weiter sage ich, dass es im Feuer große Süße und eine große Gesangs- und Klangmelodie gibt. Und davon will ich ein Beispiel (aus der Apostelgeschichte) des Hl. Lukas vortragen.

Er sagt: Am Pfingsttag, als alle Jünger zusammen waren in einem Haus, hörten sie plötzlich einen Klang, wie wenn ein großer Wind und starkes Gewitter sich erhöben. Und es war Feuer, welches niederging vom Himmel und erfüllte das ganze Haus, wo sie saßen. Und es verteilte sich über jedem von ihnen in Form von glühenden Zungen, die sich über ihnen festsetzten. Und dieser Klang brachte so sehr ihre Seelen von Sinnen,[23] und das Feuer entzündete so sehr ihre Herzen, dass sie sofort wie töricht und wie betrunken hinausgingen, um auf allen Plätzen von Jerusalem den Glauben an Jesus Christus den Gekreuzigten zu predigen. Und Lukas sagt, dass die Leute glaubten, sie seien trunken.

Sicherlich trunken waren sie wohl vom Saft, von dem man trinkt im Paradies.

---

23 descenec.

O süße Trunkenheit, o süße Torheit, wenn sie doch meine Seele sich selbst vergessen ließe, so dass sie sich an nichts, was ist, erinnern würde außer daran, immer mehr zu trinken. Und damit sie noch mehr Lust auf dieses Von-Sinnen-Sein[24] haben möge, soll sie wissen, dass Gott eine *balada*[25] (zu singen) begann. Und ich sage dazu, dass die Liebe und alle Geschöpfe (darauf) antworten und sagen: „Du hast uns gemacht." Und da dein Leib ein hohler und runder Gegenstand ist, ist es nicht anders möglich, als dass er erzittert und widerhallt vom Wohllaut, den er von Gott und von den Geschöpfen vernimmt.

Und da aus deinem Herzen Adern herauskommen, die durch den ganzen Körper gehen, die viel zarter und viel feiner sind als die Saiten einer Viola, erscheint es notwendig, dass, wenn der Leib zittert und widerklingt vom Wohlklang, den er hört, all die Adern des Leibes sich bewegen und erzittern.

Und aus dieser Bewegung des Leibes und der Saiten, die aus ihm heraustreten, entsteht die süßeste Melodie, die es in diesem Leben gibt. Und es endet die Ballade. Und sie sagt „um der Liebe willen". In dieser Weise also beginnt Gott seine *balada* und spricht: „Liebe." Und die vernunftlosen Kreaturen antworten: „Du hast uns geschaffen."

Und dein Leib mit den Saiten, die aus ihm heraustreten, bringen schließlich den Violenklang hervor und (der Leib) sagt: „Um der Liebe willen."

---

24 descenadamen.

25 Das altprovenzalische Wort *balada*, das sprachgeschichtlich hinter dem deutschen Wort Ballade steht, gehört zur Fachsprache der Troubadours. Es bezeichnet ein Tanzlied mit refrainartigen Wiederholungen. Um auf diese spezifische Bedeutung aufmerksam zu machen, lässt Ruh das Wort unübersetzt.

Von diesem Tanz und dieser wohlklingenden *balada* sagt Sankt Johannes der Evangelist, dass er alle Geschöpfe, die im Himmel und auf der Erde und im Wasser sind, singen hörte: „Liebe, du hast uns geschaffen, um zu lieben."

Dieses ist die vierte Stufe, auf der man zum Palast der Liebe emporsteigt: nämlich wenn die Seele durch den großen Wohlklang, den sie hört, aus dem Klang aller Geschöpfe, die Gott loben und sie bitten zu lieben, so sehr von Sinnen kommt,[26] dass sie nicht sieht und nicht hört und nicht fühlt. Denn sie hat sich selbst vergessen und alles, was ist, berührt sie nur durch Gott.

26 descenamen.

5. Stufe: Schauen

I.

Danach sage ich, dass es in allen Geschöpfen große Schönheit und große Klarheit zu sehen gibt. Und ich sage dazu, dass die Schönheit Gottes durch ihre große Klarheit in alle Geschöpfe hineinreicht, so wie der Hl. Geist es im Buch der Weisheit ausspricht.[27]

Jetzt lasst uns zunächst auf die Schönheit des Lichts eingehen. Ich erkläre zu Beginn dieser Stufe, dass die edelste sinnliche Kreatur und die klarste und die reinste in dieser Welt das Licht ist! Und wir stellen fest, dass die Geschöpfe, je mehr Licht sie in sich haben, auch desto edler und nobler sind. Und deshalb ist die Sonne edler als der Mond und die Sterne, die, je klarer sie sind, desto edler sind als die anderen.

Weiter sage ich, dass in jedem der Geschöpfe dieser Welt es Licht und Schönheit aufgrund jenes Lichts gibt, wie die Heiligen und die Weisen dieser Welt sagen und du es auch leicht verstehen kannst.

Denn in der Welt gibt es keinen so schwarzen Gegenstand, der, wenn man ihn kräftig bürstet, nicht klar und leuchtend wird. Selbst die Kochtöpfe und die Pfannen würden, wenn man sie kräftig schrubbt, so glänzend werden, dass man sich darin spiegeln könnte.

Und wir beobachten, wie aus den Seidenwürmern grüne, rote und goldfarbene Seide heraustritt. Und wir wissen, dass man in den Köpfen der Schlangen und der Kröten edle Steine, höchst wertvolle und von aparter

27 Weish 1,7.

Schönheit, findet. Wohl könnt ihr begreifen, dass den anderen Geschöpfen auserlesene Schönheit zukommt, wenn in diesen, die so gemein und so hässlich scheinen, Gott soviel davon hineingelegt hat.

Sodann sehen wir der Erde die weißen Blüten, die roten und verschiedenfarbigen, entsprießen, die in sich selbst höchste Schönheit und höchste Klarheit haben.

Und wir wissen, dass man aus der Erde Gold und Silber herausholt, die beide so schön, so hell und so glänzend sind. Und du mögest Gewissheit haben, dass diese Schönheit und dieser Glanz in den Blumen und im Gold und im Silber und in den anderen Geschöpfen nur infolge des Lichts der Sonne und der Sterne besteht, die die Erde so wohl temperieren, dass so schöne und so glänzende Dinge aus der Erde herauskommen.

Weiter sage ich, dass sich Gott inmitten des ganzen Lichts und der ganzen Schönheit, die in einem Geschöpf ist, befindet. Denn ein Geschöpf hat nur soviel Schönheit, wie die Schönheit des Gesichts Gottes in dem Geschöpf aufleuchtet. Deshalb sagt David: „Herr Gott, entzünde und lass erglänzen dein Angesicht über uns! Damit wir deine Hand auf der Erde erkennen mögen."[28]

Die Seelen, die Lust haben, dieses Licht zu sehen, bitte ich, wenn sie zu Gott beten wollen, dass sie zu Beginn aus Liebe zu mir dieses kurze Gebet sprechen mögen:

---

28 Vgl. Ps 31,17.

„Sonne der Schönheit und Gerechtigkeit,
zeige dich meiner Seele
und erhebe dich über die Erde meines Herzens –
denn du bist das wahre Licht, welches die verborgenen Ecken der Seele erleuchtet –,
so dass sich dort keine Dunkelheit der Täuschung und der Einbildung verbergen kann.
Und du erhellst so das Herz,
dass kein Staub von Sünde sich dort verbergen kann.
O meine Liebe, Herr Jesus Christus:
Du bist die Leuchte meiner Augen
und der Friede meines Herzens!"

Sicher, ich zweifle nicht, dass, wenn du dieses Gebet sagst mit demütigem Sinn und brennendem Verlangen, der Morgenstern, von dem der heilige Petrus spricht, aufgehen wird in deinem Herzen.[29]

II.

Jetzt lasst uns weiterfahren und die Schönheit des Wassers betrachten!

Ich meine, dass es im Wasser wunderbares Licht und allergrößte Schönheit gibt. Denn es gibt einige Flüsse, die Goldsand mit sich führen und von so großem Glanz sind, dass das Wasser dieser Flüsse geschmolzenes Gold zu sein scheint, das dahinfließt. Von diesen Flüssen spricht Hiob.[30]

Andere Flüsse gibt es, die im Sand Edelsteine mit sich führen, die von so großer Schönheit sind, dass man bei

29 2 Petr 1,19.
30 Hiob 22,24.

ihrem Anblick den Himmel zu sehen glaubt. Und wir wissen, dass in den Wassern Kristall gebildet wird.

Und deshalb sagt Johannes der Evangelist, dass der Engel ihm einen Fluss mit lebendigem Wasser gezeigt habe, der so glänzend war wie Kristall. Und weiter sagt er, dass er herauskam aus dem Thron des Lamms.[31] Wohl könnt ihr verstehen, dass dieser Fluss die Helligkeit des Lamms trug, da er aus seiner Helligkeit herauskam.

O Herr, so sagt David, wenn ihr mich waschen wollt mit dem Wasser dieses Flusses, werde ich sauber und klar und weißer sein als der Schnee.[32] Und durch Jesaja spricht Gott: „Ich werde über euch ausgießen klares und reines Wasser, das euch reinigen wird von allen euren Sünden."[33]

Groß ist also des Wassers Schönheit und Klarheit, die so sehr reinigt und die Seelen so weiß macht, dass sie heller werden als Kristall und weißer als Schnee.

III.

Weiterhin sage ich, dass es in der Luft große Klarheit und große Schönheit gibt, obwohl sie zu fein ist, gesehen zu werden. Denn die Luft könnte die Klarheit der Sonne nicht empfangen, wenn sie nicht selbst rein wäre. Ein sehr heller und reiner Körper ist sie. Und die Schrift sagt, dass die Luft Farbe hat, und diese Farbe ist, so sagt man, wie die Farbe des Himmels und vergleichbar mit der Farbe des Saphirs.

Von dieser Farbe spricht die Schrift und berichtet, dass Moses einmal unseren Herrn sah, und sagt dazu, dass er

---

31 Offb 22,1.
32 Ps 51,9.
33 Ez 36,25.

unter seinen Füßen eine Art Schmuckstück aus Saphir hatte. Denn es war von solcher Farbe wie der Himmel, wenn die Luft ganz unbewegt ist.[34]

O Herr Gott, was für ein großartiges Lehrstück ist dieses Exempel! Ich glaube wahrlich, dass Gott sich meiner Seele kundtut – was einem Schmuckstück aus Saphir gleicht. Und sie ist unter den Füßen Gottes aus Demut und ist heller und reiner in der Erkenntnis als der Himmel und ruhiger als die Luft, wenn sie ohne jeden Wind ist. Denn Wille und Verstand und auch die Einbildungskraft haben und umarmen, was sie schon immer begehrt haben.

IV.

Weiterhin sage ich, dass es im Feuer große Schönheit und große Klarheit gibt. Denn wir wissen, dass das Feuer in sich mehr Leuchtkraft hat als jedes andere Element. Denn das Licht ist der Grund der Schönheit und der Reinheit in jedem körperlichen Geschöpf.

Und deshalb muss das Feuer selbst höchste Reinheit und höchste Schönheit und höchste Klarheit haben. Und wegen seiner Reinheit sagen die Weisen, dass das Feuer immerzu nach oben strebt. Denn die gemeinen und groben Dinge gehen immerzu zur Erde, die leichten und reinen aber immerzu in Richtung auf den Himmel, so wie es das Feuer macht.

Von dieser Reinheit und dieser Schönheit des Feuers spricht die Schrift, wenn sie sagt, dass Gott vor den Söhnen Israels während des Tages in einer Wolkensäule voranging

34 Ex 24,10.

wegen der Hitze der Sonne, damit sie ihnen nicht schade, und nachts in einer Feuersäule, die die Nacht erleuchtete.[35]

Und sie sagt, dass jene Wolke dunkel war für die Ägypter und leuchtend für die Söhne Israels.

Unter dem Tag verstehen wir den Trost für diese Welt und unter der Nacht das Ergötzen des Trostes.[36]

Unter der Wolke verstehen wir den Trost der Schau Gottes, denn das meint die Schrift, wenn sie sagt, diese Wolke war für die Söhne Israels hell und weiß. Und der holde Anblick Gottes erfrischt unsere Seelen gegen die böse Hitze der Tröstungen dieser Welt.

Eine zarte Empfindung ist, so sagt Herr St. Bernhard, der Trost Gottes. Und er pflegt den Trost keiner Seele zu geben, die gerne auch andere Tröstungen empfängt.

Dies ist also die weiße Wolke voll von Süße und von Tau, die die Seele erfrischt und mit Tau benetzt, damit sie nicht Lust und Verlangen habe nach Trost dieser Welt.

Wohl auch dünkt mich, dass die Seele erfrischt sein dürfte, von der Jesaja spricht: „Deine Seele wird sein wie ein wohlgewässerter Garten und wie eine Quelle, der nie das Wasser fehlt."[37]

Sicherlich wird einer Seele, die durch den Trost des Anblicks Gottes alle Tröstungen dieser Welt vergessen hat, niemals der Tau der Süßigkeit noch die Quelle der Andacht fehlen.

Jetzt vernimm ein köstliches Beispiel dieser Erfrischung, das der Hl. Johannes der Evangelist berichtet: Als Jesus Christus auf dem Berg Tabor war und mit ihm St. Petrus

---

35 Ex 13,21f. und 40,38.

36 Im Original: „delectatio de consolatio", d. h. das Verkosten des Trostes.

37 Jes 58,11.

und St. Jakobus, da verwandelte sich das Antlitz von Jesus Christus (und wurde) wie die Sonne und (wurden) seine Kleider so weiß wie Schnee.

Und danach sagt er, dass eine weiße Wolke sich so auf ihre Augen und auf das Gesicht legte, dass alle drei zur Erde fielen. Und als Jesus Christus sie wieder auferweckt hatte, sagt das Evangelium, dass St. Petrus zu Jesus Christus sprach: „Herr, niemals mehr entferne uns von hier, denn es ist hier gut sein.“[38]

Wohl könnt ihr verstehen, was diese Wolke reinigt, die das ganze Verlangen nach all dem, was in der Welt war und all das, was unter dem Berg war, sie hatte vergessen lassen, und selbst die Lämmer, die Gott ihnen anempfohlen hatte[39] und auch die holde Gesellschaft der anderen Apostel. In dieser Weise also ging Gott den Söhnen Israels in der Wolkensäule voran, dass die Wärme der Sonne ihnen nicht schadete.

Und danach sagt er, dass er vor ihnen herging, in einer Feuersäule, die die Nacht erleuchtete. Unter der Nacht versteht er die Trostlosigkeit dieser Welt.

Dazu sagt St. Gregorius, dass da, wo der Trost dieser Welt einen verlässt, der Trost Gottes beginnt. Und so spricht der Hl. Paulus:

„Gesegnet sei Gott, der Vater unseres Herrn Jesus Christus, denn er ist der Vater der Barmherzigkeit und der Gott allen Trostes, der uns in unseren Nöten tröstet.“[40]

Nun hört den Herrn St. Gregorius: Weil mein Gott der Gott allen Trostes ist, wäre – auch wenn meine Seele all

38 Mt 17,1–4.
39 Vgl. Joh 21,15ff.
40 2 Kor 1,3f.

das hätte, was es im Paradies (gibt) und all den Trost und all die Freude, die es auf dieser Welt gibt – trotzdem alles reine Trostlosigkeit und Finsternis und Hölle, wenn sie nicht Gott sehen würde.

Eine Hölle wäre das Paradies, wenn man Gott nicht sehen könnte.

Die Seelen aber, die in der Finsternis dieses Trostes sind, weil sie nicht ständig jenen glänzenden Spiegel sehen, den zu sehen sie geschaffen worden sind, jene Seelen also möge Gott erleuchten. Denn er ist das wahre Licht, das die Finsternis dieser Trostlosigkeit erleuchtet, welche die größte ist, die es in diesem Leben gibt.

Dies ist die fünfte Stufe, auf der man hinaufsteigt zum Palast der Liebe: nämlich wenn man in aller Schönheit und in aller Klarheit, die es in der Schöpfung gibt, das glänzende Antlitz von Jesus Christus erkennen und sehen kann, das glänzt und lacht in der Schönheit der Geschöpfe. Denn er ist, wie Salomo sagt, in dieser Welt Glanz und Klarheit des ewigen Lichts und in der anderen Welt Spiegel, in dem die Seelen im Paradies hell und vollständig sehen werden.

Und in diesem Spiegel ist das ganze Paradies, weil dieser Spiegel all die Freuden und all das Ergötzen und all das Glück zeigt, das in Gott ist, weshalb die Geschöpfe davon nehmen werden, soviel sie vermögen. Und wir wissen gewiss, dass alle Macht der Liebe gehören wird, und deshalb wird der ganze Lohn der ihre sein.

Denn meiner Seele kommt es zu, dass wir unser Ende nehmen mögen in ihr, die Beginn und Ende ist.

Epilog

Und damit ihr nun den Gegenstand eurer Vereinigung[41] nicht vergesst, will ich kurz in Erinnerung rufen, was oben gesagt ist.

Ich sage nämlich, dass es fünf Grade oder Stufen gibt, auf denen man hinaufsteigt in den Palast der Liebe. Der erste hat den Namen ‚Freude'. Diesen Grad hat die Seele erklommen, wenn sie in all der Süße, die in einem Geschöpf ist, die Süße Gottes findet und kostet. Dies versetzt sie in Freude und in Verzückung über alles Geschöpfliche hinaus.

Der zweite Grad hat den Namen ‚Vertrautheit'. Diesen Grad hat die Seele erklommen, die in jedem Geschöpf, das sanft und weich anzufassen ist, die Hand Gottes fühlt, die sie (die Seele) so sanft und so vertraulich anrührt, dass kein Geschöpf im Himmel und auf Erden mehr zu erfahren oder zu empfinden vermag als sie.

Die dritte Stufe hat den Namen ‚Neuheit'. Diesen Grad hat die Seele erklommen, die im Geruch der Geschöpfe einen neuartigen Duft geistiger Dinge verspürt, den sie noch nie wahrgenommen hat und der sie zurückkehren lässt in die Jugendlichkeit und in einen neuen Stand, von dem sie selbst nicht einmal weiß, was Gott ihr damit sagen will.

Die vierte Stufe hat den Namen ‚Von-Sinnen-Sein'[42]. Und diese Stufe hat die Seele erklommen, die hört, dass Himmel und Erde widerhallen vom Klang, der von den

41 Im Original *cofuzio*.
42 Im Original *Descenamen*.

Geschöpfen ausgeht. Sie alle loben Gott und bitten die Seele, (ihn) zu lieben. Und durch den Wohllaut dieses Gesangs vergisst die Seele sich selbst und alles was ist, so dass sie nichts (mehr) sieht und nichts (mehr) hört und nichts (mehr) fühlt außer dem Wohlklang dieses Tons, der ihr das Herz raubt und sie ihren Sinnen entreißt.

Die fünfte Stufe hat den Namen ‚Gewissheit'. Diese Stufe hat die Seele erklommen, wenn sie in der Schönheit und in der Klarheit der Kreaturen das liebe Antlitz Jesu Christi erblickt, das strahlt und lacht in allen seinen Geschöpfen und die Seele ihres (erreichten) Standes gewiss macht. Denn was gesehen wird, das kann der Mensch für gewiss halten.

Diese fünfte Stufe hatte sicherlich der selige heilige Franziskus erklommen, der all das, was er in den Geschöpfen erfreulich und köstlich fand, zur Ehre und zum Ruhm ihres Schöpfers wandte.

Auf dieser Stufe sah auch Jakob die Engel Gottes auf- und niedersteigen.[43] Diese (Stufen) sind die fünf klugen Jungfrauen, von denen Jesus Christus im Evangelium spricht: (jene Jungfrauen) die bereit waren, den Bräutigam zu empfangen.[44]

Dies sind die fünf Ellen, welche Ezechiel zwischen den einen Torkammern und den andern sah[45], das heißt zwischen den Seelen, die im Palast sind, und euren Seelen.

Dies sind die Worte, von denen Herr St. Paulus sprach, dass er sie der Kirche Gottes lehren will.[46] Und sie antworten: Erahnen können die liebenden Seelen, welchen

---

43 Gen 28,12.
44 Mt 25,1ff.
45 Ez 40,7.
46 1 Kor 14,19.

Stand man drinnen in dem Palast erreicht, da doch schon auf den Stufen soviel Freude zuteil wird.

Dies ist die Verschmelzung der Seele, die sich nicht anzustrengen braucht, Gott zu lieben, und die ihr ihm gegenüber begehrt mit innigem Wunsch und Liebe zu ihm. Bittet Gott für mich! Amen.

Spiritueller Kommentar

von Simon Peng-Keller

Sinnlichkeit und Sinn

Die *Scala divini amoris* ist ein meditativer Text. In einer verweilenden und wiederholten Lektüre entfaltet er seinen Sinnreichtum und seine Inspirationskraft. Die folgenden Anmerkungen möchten die spirituelle Lektüre anregen. Ich stelle die *Scala* zunächst in den weiten Horizont christlicher Spiritualitätsgeschichte, um auf diese Weise ihre Originalität und Aktualität zum Leuchten zu bringen.

Die *Scala* entwirft das Modell eines spirituellen Weges, der vom Anfang bis zum Ende auf einer achtsamen, sinnlichen Wahrnehmung aufbaut. Das macht sie für die christliche Tradition einzigartig und für heutige spirituelle Suchbewegungen besonders interessant. Die altprovenzalische Schrift markiert einen deutlichen Umbruch gegenüber der ihr vorangehenden Tradition. Christliche Spiritualität ist geprägt durch eine Wende nach innen, die vorchristliche Wurzeln hat. Das spirituelle Potenzial der Einkehr wurde im Abendland durch Sokrates und Platon im fünften und vierten Jahrhundert vor Christus erschlossen. Die ‚achsenzeitliche' Wende nach innen bedeutete die Befreiung von sozialen und materiellen Zwängen. Sie ermöglichte vertiefte Selbsterkenntnis. Dass sich das neu entdeckte ‚Selbst' bald schon als unergründlich erwies, war die Voraussetzung für eine Mystik des Grundes, wie sie später Meister Eckhart entwickeln sollte. Die Faszination für die sich langsam eröffnende Innenwelt ließ die sinnliche Wirklichkeit zur Scheinwelt verblassen. Dies führte zu einer Einseitigkeit, die christliche Spiritualität über Jahrhunderte kennzeichnete und bis heute belastet.

In der achsenzeitlichen Wende nach innen kam zusammen, was lebensgeschichtlich auseinander liegt. In unserer Kindheit entdecken wir zunächst die Welt mit allen Sinnen. Erst in einem zweiten Schritt beginnen wir, uns selbst zu erforschen. In der Lebensmitte können wir zu einer neuen Form der Einkehr finden. Der Stellenwert, den die christliche Spiritualität der Einkehr einräumt, entspricht dieser zweiten lebensgeschichtlichen Wende. Die spirituelle Wende nach innen wurde gerne als Abkehr von der sinnlichen Welt beschrieben. Übersehen wurde dabei nicht allein die Nähe zwischen der staunenden Weltfreude des Kindes und der kontemplativen Schau, sondern ebenso das spirituelle Gesetz, dass keine Gabe und keine Errungenschaft je ganz verloren geht.

Dass die ‚Andacht zur Welt' (Karl Rahner) ein wichtiges Moment christlich-biblischer Spiritualität darstellt, musste im 20. Jahrhundert neu ins Bewusstsein geholt werden. Die spirituelle Rehabilitierung der Sinnlichkeit ist noch in vollem Gange. Sie ist verbunden mit der Einsicht, dass sinnliche Weltfreude, ohne die kein Kind sich entwickeln könnte, auch für die spirituelle Reifung im Erwachsenenalter bedeutsam ist. Reife Spiritualität sucht nicht allein die Keime des noch Ungelebten, sondern ebenso das schon einmal Entdeckte, Gelebte und Geliebte, das mit der Zeit in Vergessenheit geriet.

Die *Scala* bietet ein einzigartiges Angebot, die kindliche Sinnen- und Weltfreude neu zu erwecken und die Ressourcen staunender Wahrnehmung zu erschließen. Die Wegstufen, die sie vorzeichnet, führen zusammen, was sich uns biografisch nacheinander erschließt. Sie verbindet die Wende nach innen mit einer neuen Wende nach außen. Indem sie Sinn und Sinnlichkeit, Spirituelles und

Sinnliches miteinander verknüpft, weist die *Scala* Wege zu einer erdverbundenen und vitalisierenden Spiritualität. Sie lässt uns das sinnliche Wahrnehmen als Tor entdecken, das aus der Enge des Selbst in eine Wirklichkeit hineinführt, die uns übersteigt und die das gleiche Geheimnis in sich birgt, das wir selbst in uns tragen.

Logik des spirituellen Aufstiegs

Der Titel des Werks nennt in einem Atemzug das Ziel und die beflügelnde Kraft, die den Weg ermöglicht: die göttliche Liebe. Bereits Platon hatte von der ‚Leiter der Liebe' geschrieben.[47] Doch anders als der griechische Philosoph kontrastiert die *Scala* den Aufstieg auf dieser Leiter nicht mit der Freude am Sinnlichen. Der Aufstieg geschieht vielmehr durch den achtsamen Einstieg in die reiche Welt der Sinne. Während der Hauptstrom abendländischer Mystik die Gottunmittelbarkeit im Übersteigen der sinnlichen und mentalen Wirklichkeit suchte, findet sie die *Scala* in der Unmittelbarkeit sinnlicher Wahrnehmung. Die ‚Leiter der Liebe' führt nicht aus der Welt hinaus, sondern in sie hinein.

Das Bild der Leiter oder der Treppe weist darauf hin, dass dieser Aufstieg nach einer bestimmten Logik verläuft. Dass die göttliche Liebe eine ihr eigene Ordnung, eine Skalierung kennt, übernimmt die *Scala* aus der Tradition. Das achtsame und geduldige Voranschreiten von einem Sinn zum anderen, von einem Element zum nächsten, ist Ausdruck einer Liebe, die zu unterscheiden weiß und geduldig zu warten vermag.

Die geordnete Liebe steht in Spannung zur maßlosen Liebe, die zum franziskanischen Erbgut des Werks gehört. Die göttliche Liebe ist hinreißend, ekstatisch. Sie sprengt jedes Maß und jede Ordnung. Wer von ihr ergriffen wird, wagt sich auf neue Pfade. Die Doppelgestalt der göttlichen Liebe – sie ist maßvoll und maßlos, geduldig und stürmisch

47 Platon, Symposion, 211e–212a: Aufstieg auf der Leiter der Liebe.

zugleich – bildet das dynamische Feld, das den Aufstieg inspiriert. Auch wenn die göttliche Liebe als Zielpunkt des Weges beschrieben wird: Sie ist nicht nur ein ferner Horizont, der den Aufsteigenden entzogen bleibt, sondern die Kraft, die sie trägt und beflügelt. Der Aufstieg geschieht nicht aus eigener Kraft. Er ist kein Sich-Aufschwingen zu einem selbstgesetzten Ziel. Die *Scala* beschreibt das Voranschreiten als sinnliches ‚Antwortereignis'. Auf allen Stufen geht es um ein sich verfeinerndes und intensivierendes Resonanzgeschehen. In der sinnlichen Welt liegt mehr verborgen, als sich der oberflächlichen Berührung oder dem flüchtigen Blick zeigt. Wo Gott in der Welt ankommt, entsteht Neues.

Dass dieser Aufstieg im Abstieg Christi zu den Menschen gründet, wird nicht ausdrücklich gesagt. Es gehört jedoch zum Verständnishorizont, in den der franziskanisch geprägte Autor sein ungewöhnliches Stufenmodell stellte. Mit der Weihnachtsgeschichte verbindet die *Scala* nicht allein die Verwunderung, dass ein neuer Ton mitten in den Dissonanzen der Welt auftaucht. Auch die nüchterne Einsicht, dass dieser Ton leicht überhörbar ist und zunächst nur von wenigen vernommen wird, schließt an ältere Versuche an, die Menschwerdung Gottes nachzubuchstabieren. Das Neue, das in eine sich abschließende Welt einbricht, kommt auf leisen Sohlen daher. Es drängt sich nicht auf. Die *Scala* beschreibt das Erwachen der Sinne als etwas, was schon da ist. Sie beschreibt, was die Sinne aufweckt: die stimulierende Resonanz, die durch Gottes Vergegenwärtigung hervorgerufen wird.

Womit beginnt dieses Erwachen? Was steht am Anfang des sanften Aufstiegs, der über die Stufen der Liebe führt? Anders als vieles, was ihr vorausliegt und nachfolgen wird, zitiert die *Scala* nicht das gängige Schriftwort von der Furcht, die am Anfang der Weisheit stehe (Spr 1,7). Nicht das zitternde Erschrecken vor der Majestät Gottes bildet den Impuls zum Aufstieg. Es ist ein freudiges Erzittern, das auf den Weg führt. Er hebt an mit einem neuen Geschmack am Leben. Das Bittere verwandelt sich in Süße. Das war die Erfahrung, die Franziskus in ein neues Leben aufbrechen ließ. Wer diese Süße einmal verkostet hat, beginnt sie überall zu suchen. Wie im Gleichnis vom Schatz im Acker drängt sich der nächste Schritt wie von alleine auf. Den Acker zu kaufen, bedeutet in der sinnlichen Sprachwelt, die die *Scala* eröffnet: in Berührung zu kommen mit dem anfänglich Entdeckten, vertraut zu werden mit dem, was sich uns unverhofft erschlossen hat.

Sich an der antiken und mittelalterlichen Rangordnung der Sinne orientierend,[48] setzt die *Scala* mit den Nahsinnen ein. Es braucht Geschmacks- und Spürsinn, um auf den Weg zu kommen: Geschmack am Guten und ein Gespür für Echtheit. Die Fernsinne kommen ins Spiel, sobald der Kontakt geschaffen und gefestigt ist. Zwischen den Nahsinnen (Geschmack und Berührung) und den Fernsinnen (Gehör und Gesicht) liegt der Geruchsinn, der die Nähe des Fernen wahrnehmbar macht. Nach dem Autor dient er den Zugvögeln zur Orientierung. Der Duft des Südens oder des Nordens gibt ihrem Flug Richtung und Verheißungskraft.

---

48 Vgl. Robert Jütte, Geschichte der Sinne. Von der Antike bis zum Cyberspace, München 2000, 72–83. Die Scala weicht vom überlieferten Ordnungsmodell nur in zwei Punkten ab: Sie wählt eine aufsteigende Ordnung und stellt den Geschmackssinn vor den Tastsinn. Beide Umstellungen verdanken sich der dem Verfasser der Scala eigenen Vision des spirituellen Weges.

An dieser Stelle setzen die Fernsinne ein. Was von Ferne ankommt, sind auch neue Klänge. Sie werden vom heiligen Wind in Wellen herangetragen. Prägen Süßigkeit und Sanftheit die ersten drei Stufen, so die Schönheit die vierte und fünfte. Um ihre dramatische Wirkung zu beschreiben, greift die Scala auf die Troubadour-Sprache zurück. Wen diese Klänge erreichen, der gerät außer sich (*descenamen*). Die ekstatische Erfahrung, die sich auf der vierten Stufe entfaltet, wird auf der fünften wieder relativiert. Sie ist nicht das Ziel des Weges. Der Aufstieg geht über sie hinaus. Das Hören führt zum Schauen. Doch ist es keine unmittelbare Gottesschau – dies wird auf der fünften Stufe deutlich. Die *Scala* bleibt der sinnlichen Welt treu. Die Ekstase des Hörens wird ausbalanciert durch die Nüchternheit des Sehens. In den Kontrasterfahrungen dieses Lebens bereitet sich vor, was die letzte Bestimmung des spirituellen Weges ist: die Schau von Angesicht zu Angesicht im ‚Palast der göttlichen Liebe'.

Ähnlich wie der Sonnengesang, der den Tod einbezieht, hat die *Scala* einen universalistischen Zug. Nichts wird ausgespart. Auf diesem Weg ist nichts überflüssig. Er umfasst das Leben in seiner ganzen Spannbreite. Die *Scala* führt durch alle Elemente hindurch und bleibt an keinem hängen. Der Aufstieg führt vom Nahen zum Fernen: von den Nah- zu den Fernsinnen, von der Erde zum himmlischen Feuer. Das Wasser, das an zweiter Stelle steht, weckt Assoziationen an die Taufe. Der erdverhaftete Mensch bedarf der Läuterung, um zu seiner himmlischen Gestalt und zu einem neuen Zugang zur Erde zu finden. Bevor sich der Weg zu den himmelsnahen Elementen hinwendet, geht es hinunter: ins Wasser, dessen Sanftheit die *Scala* in warmen Tönen preist.

Dass auf jeder Stufe der Durchgang durch die vier Elemente neu einsetzt, nimmt dem Aufstieg seine Linearität. Der Weg, den die *Scala* skizziert, lässt sich als Wendeltreppe vorstellen. Er hat die Form einer Spirale. Jede Stufe des Weges konfrontiert uns mit denselben Elementen, mit Grundfragen, die sich uns immer wieder neu stellen und nach einer vertieften Antwort rufen.

Am Fuße der Leiter

Bevor der *Scala*-Autor seinen Blick nach außen lenkt, schaut er nach innen. Am Anfang seiner Kontemplation der sinnlichen Welt steht ein Selbstzeugnis, das psychologisch fein gewoben ist. Es kann als Vorzeichen für die ganze Schrift gelesen werden. Würden wir es nicht beachten, könnte uns die *Scala* als ein Zeugnis naiver Naturfrömmigkeit erscheinen. Die selbstkritische Note, die der Autor an den Anfang stellt und die das Buch durchzieht, nimmt die Erfahrung ernst, dass Gottes Gegenwart nicht ohne Mühe zu finden ist. Um im Buch der Welt lesen zu können, muss der Spiegel der Seele geläutert werden. Das helle Licht der göttlichen Liebe macht seine Verdunkelungen wahrnehmbar. Der Ton, den die *Scala* anschlägt, klingt dissonant. Das ist nicht allein auf unser heutiges Empfinden und gewandelte Hörgewohnheiten zurückzuführen. Der Missklang entspringt der Sache selbst: der existentiellen Dissonanz, die beschrieben wird. Der Autor bekennt, mit sich uneinig zu sein. Er möchte Gott lieben und kann es nicht. Ein Nein steckt in ihm. Das irritiert.

In einer Zeit, in der Gottes Wirklichkeit grundsätzlich in Frage steht, mag die Liebesnot, welche die *Scala* eröffnet, als Luxusprodukt einer hochreligiösen Epoche erscheinen. Ist es unter gegenwärtigen Bedingungen nicht schon viel, wenn jemand um das Glauben-Können ringt? Die liebesmystische Bedrängnis des provenzalischen Autors und die Glaubensnot der Gegenwart sind jedoch nicht so weit voneinander entfernt. Das Nein, das die *Scala* aufdeckt, richtet sich gegen den Glauben ebenso wie gegen die Gottesliebe. Es ist das Nein des Unglaubens, der an

Gottes Güte nicht glauben und sie deshalb auch nicht wahrnehmen und lieben kann.

Ist das Eingangsbekenntnis mehr als eine unverbindliche Demutsgeste? In der spirituellen Literatur dieser Zeit waren solche formellen Verbeugungen üblich. Sie waren ein literarisches Markenzeichen einer spirituellen Bewegung, zu der auch die Autorin gehörte. Die Mitglieder dieser Bewegung wurden ‚Humiliaten' genannt, Demütige. Dass in dieser Bezeichnung das Wort Humus, Erde, steckt, bot Anlass zu Wortspielen. Die Lebensform, die so bezeichnet wurde, hatte den Geschmack des Geerdeten, des Erdverbundenen. Wer zu dieser Bewegung zählte, war wie Franziskus die Karriereleiter hinuntergestiegen, um sich auf dem fruchtbaren Humus eines einfachen Lebensstils zu bewegen. Die Erdverbundenheit suchte und fand ihre leiblich-sinnliche Gestalt. Dazu gehörte es etwa, barfuß oder nur in Sandalen, die wenig Schutz boten, unterwegs zu sein. An die Sinnlichkeit der *humilitas* knüpft die *Scala* an.

Das Eingangsbekenntnis entspricht den Konventionen der Zeit und der Armutsbewegung. Doch ist es mehr als eine konventionelle Geste. Was der Autor uns offenlegt, geht über eine rhetorische Floskel hinaus. Er absolviert nicht einfach ein vorgeschriebenes Bußritual. Es geht um etwas anderes, als sich mit gesenktem Blick auf die Brust zu klopfen. Die Not, die er bekennt, ist beim Wort zu nehmen. Sie zeigt sich im Widerstreit zweier Stimmen und Instanzen.[49] Die eine sagt Ja, die andere Nein. Die Nein-

49 Was in der Scala als innerer Dialog zwischen dem Autor und seiner Seele erscheint, inszeniert Mechthild von Magdeburg im *Fließenden Licht der Gottheit* als Gespräch zwischen selbstständig auftretenden Personifikationen. So klagt zum Beispiel in Buch 3,3 die Braut über die Seele, die sich von Gottes Liebe nicht berühren lässt.

stimme dominiert mit ihrem resoluten Veto. Die Kraft der Verneinung wirkt blockierend. Sie trübt die Wahrnehmung. Wer von ihr bestimmt wird, findet nur schwer in positive Resonanz. Wie es aus uns heraustönt, so tönt es von außen auf uns ein. Das Leben wird monoton. Das Spektrum der feinen Obertöne und Tiefenklänge, auf das die provenzalische Autorin aufmerksam macht, fällt aus.

Der Weg, den die *Scala* weist, ist eine spirituelle Antwort auf diese ebenso leise wie vehemente Gegenstimme. Wie kann der ewige Neinsager, den auch das frömmste Herz in sich trägt, zu Glauben und Gottesliebe bewegt werden? Was braucht es, dass er freies Geleit gibt für das ‚Offizium der Liebe', für den Dienst, den die Gottesliebe freisetzt?

Die *Scala* führt schrittweise aus dem Widerspruch von Nein und Ja heraus. Zunächst entlarvt sie das vorgeschobene Nicht-Können als Nicht-Wollen. Danach nimmt sie die Lesenden mit sanfter Entschlossenheit an die Hand und führt sie auf einen sinnlichen Entdeckungsweg. Der Prolog exponiert diesen Weg in mehreren Gedankenschritten, die das ganze Unternehmen argumentativ begründen. Sie werden durch ein formelhaftes „ich sage (weiter)" markiert. Für den Aufstieg braucht es beides: die ordnende Kraft der Reflexion, die Distanz schafft und Überblick ermöglicht, ebenso wie die Kunst des achtsamen Wahrnehmens, die in die Nähe führt und Verbundenheit erleben lässt.

Der Aufstieg geschieht durch sinnliche Wahrnehmung *und* durch geistgewirktes Verstehen. Die Einsicht, von der die *Scala* ausgeht, ist eine des Glaubens: die Gewissheit, dass Gott „in allen Kreaturen näher und (in allen) tiefer ist, als es jedes Geschöpf von sich aus ist." Es ist dieselbe Gewissheit, in die die *Scala* auf der fünften Stufe einmündet. Das Ende verbirgt sich schon im Anfang und führt zu ihm zurück.

Wer den Glauben der Autorin teilt, wird keine Mühe haben, diese Aussage nachzuvollziehen. Sie existenziell zu realisieren, ist auch dann noch herausfordernd. Schon an dieser Stelle werden die Gegenstimmen laut. Um von der beschriebenen Dissonanz von Ja- und Neinstimmen zum ersehnten Einklang zu finden, reichen bloße Willensakte nicht tief genug. Ebenso wenig die schlichte Wiederholung alter Glaubensaussagen. Es braucht andere Mittel, solche, die unter die Haut gehen. Die *Scala* findet sie in der Unmittelbarkeit sinnlicher Wahrnehmung und der unfassbaren Güte des Wahrgenommenen. Der Weg achtsamer Wahrnehmung bringt die Mauern, die die Neinstimme aufgebaut hat, zum Bröckeln. Die göttliche Liebe schafft sich selbst den Weg zum menschlichen Herzen. Die Sinne dienen ihr als Eingangstüren. Sie erschließen, „dass Süßigkeit gut zu schmecken und Sanftheit gut anzufassen und Geruch gut zu empfinden und Gesang gut zu hören und Schönheit und Klarheit gut zu sehen sind."

Vollzieht sich solches Wahrnehmen im Licht des Glaubens, tut sich ein Tor in die Tiefe auf. Da Gott einfacher und subtiler ist als alles, was ist und sein kann, ist er auch „näher und tiefer in jedem Geschmack und in jeder Sanftheit und in jedem Geruch und in jedem Gesang und in jeder Schönheit, als irgendeine dieser Erscheinungen es in sich selbst ist."

Damit ist eine Spur gelegt, der wir heute noch folgen können. Sie führt nicht, wie in der mystischen Literatur sonst üblich, über die Sinne und die sinnliche Welt hinaus, sondern tiefer in sie hinein. Auf diese Weise kann sich der ewige Neinsager als beschenkt erfahren und sich von der

Güte dessen überzeugen, was sich ihm von Augenblick zu Augenblick eröffnet. Folgt er dem vorgezeichneten Weg, so vermag er mehr und mehr einzustimmen ins Lob der Geschöpfe, ins Gotteslob, das die *Scala* im Anschluss an den Sonnengesang des Franziskus anstimmt. Die Erfahrung der ‚Süße' weckt die Dankbarkeit für ein Leben, das sich in achtsamer Betrachtung als reicher und tiefer erweist, als aus einer distanzierten Perspektive zu vermuten war.

Nicht nur am Anfang, sondern auch am Ende der *Scala* finden sich für ihr Verständnis wichtige Hinweise. Die fünf Stufen werden im Epilog durch Namen charakterisiert, die ihre spirituelle Bedeutung erschließen. Sie stehen für Grunderfahrungen, die dem beschriebenen Weg ein klares Profil geben: Freude, Vertrautheit, Neuheit, Ekstase und Gewissheit. Diese Grunderfahrungen sind wiederum verbunden mit spezifischen Aufgaben. So ergibt sich die folgende Landkarte für den fünfstufigen Aufstiegsweg:

Stufe/Sinn	*Grunderfahrung*	*Spiritueller Vollzug*
1. Geschmack	Freude	Den Schatz entdecken
2. Spüren	Vertrautheit	Den Kontakt vertiefen
3. Riechen	Neuheit	Sich verwandeln lassen
4. Horchen	Ekstase	Sich hingeben
5. Schauen	Gewissheit	Aus Vertrauen leben

Wir können dieser Wegbeschreibung Stufe um Stufe folgen. Jede bringt eigene Erfahrungsmöglichkeiten und spirituelle Aufgaben mit sich.

(1) Freude: Auf den Geschmack kommen

Der Aufstieg auf dem gewundenen Pfad, den die göttliche Liebe bahnt, beginnt damit, dass Menschen etwas ‚Kostbares' finden und daran Geschmack finden. Für den Aufstiegsweg braucht es den Geschmack am Leben. Es braucht spirituellen ‚Appetit': die Lust, ein geistliches Leben zu beginnen und konsequent zu vertiefen. So brachte auch Franziskus, wie bereits erwähnt, ein neuer Geschmack auf den Weg. Den Aussätzigen umarmend entdeckt er eine unvertraute Süße. Die göttliche Liebe bricht in sein Leben ein und macht süß, was ihm zuvor bitter schmeckte. Das entspricht den Gleichnissen vom Schatz im Acker und der kostbaren Perle.[50] Am Anfang steht die Freude über einen unverhofften Fund, über das Kostbare, das uns ungesucht zuteil wird. Der Aufstieg auf der Treppe der göttlichen Liebe beginnt mit der Erfahrung eines unbekannten Glücks. Daraus ergibt sich alles Weitere. Die Freude am Gefundenen ermöglicht das Lassen. Sie weckt den Wunsch, alten Ballast zurückzulassen und sich für den Aufstieg vorzubereiten.

Für die Erfahrung des verheißungsvollen Anfangs wählt die *Scala* ungewöhnliche Beschreibungen. Sie verzichtet weitgehend auf vertraute Bilder und Verweise. Um die spirituelle Bedeutung des Schmeckens einzuführen, wäre es naheliegend, auf Psalm 34,9 zu verweisen: „Kostet und seht, wie gütig JHWH ist." Damit hätte sich die Autorin in eine bekannte Tradition eingereiht, die mystische Erfahrung und eucharistischen Vollzug miteinander ver-

50 Mt 13,44–46.

knüpfte. Stattdessen wird das Verkosten des Kostbaren in Bilder gefasst, die sich naturkundlich geben und märchenhaft wirken. In der Tiefe der Erde, so lesen wir, verberge sich höchste Süßigkeit. Alles, was der Erde entspringe, sei durchtränkt davon. Die Autorin beruft sich auf die biblische Verheißung eines Landes, in dem Milch und Honig fließen.

Bitterkeit und Süße

In einer Zeit, die noch keinen künstlichen Zucker kannte, hatte die Süße eine andere Bedeutung als heute. Süßes war rarer und kostbarer. In der mystischen Literatur des Mittelalters bezeichnet ‚süß' eine Kontrasterfahrung. Inmitten von Leid und Bedrängnis bricht Trost, Frieden und Geborgenheit durch. Die Süße hat eine umfassend-integrative Qualität. Sie ist im Erfahrungsgegenstand *und* im erfahrenden Menschen zugleich. Sie liegt, wie alle anderen sinnlichen Qualitäten, die die *Scala* beschreibt, diesseits der modernen Unterscheidung zwischen subjektiver und objektiver Wirklichkeit. Die sinnliche Kontemplation, zu der die *Scala* hinführt, unterläuft diese abstrakte Zweiteilung und die damit verbundenen Spaltungen des Lebens. Sie führt zurück zur Einheit des Lebensvollzugs.

Das Bittere verwandelt sich in Süße. Das war die Erfahrung, die Ezechiel zum Propheten machte[51] und Franziskus ein neues Leben erschloss. Mit der Entdeckung des neuen Geschmacks verwandelt sich das Geschmacksvermögen. Oder ist es eher umgekehrt? Verwandelt sich das Geschmacksvermögen zuerst? Oder verwandelt sich bei-

51 Vgl. Ez 3,3.

des zugleich? Wie auch immer: Wo vorher Bitterkeit war, stellt sich überraschend Neues ein. Eine Erfahrung, die vertieft werden möchte. Wer diese Süße einmal verkostet hat, beginnt sie überall zu suchen. Die *Scala* verheißt, dass sie überall zu finden sei. Sie steckt in allen Elementen.

Um die Süße, die sich im Wasser verbirgt, wahrnehmen zu können, braucht es nach der *Scala* gewisse Voraussetzungen: den Rückzug, das Alleinsein und Sanftheit. Nur so kann das Bittere sich in Süße verwandeln. Das Bittere steckt im Menschen selbst. Nicht nur das Gras, sondern auch er wird mit der Zeit trocken und bitter. Die Süße, die der Tau bringt, steht im Kontrast zur Bitterkeit und zur Trockenheit, die sich im Laufe des Lebens einstellen können.

Die Süße, deren Spur die Autorin nachgeht, ist angesiedelt in einer wüstenartigen Übergangszone. Sie liegt zwischen dem Land der Bitterkeit und einem Ort der Fülle.[52] Die Bitterkeit, in der sich der Mensch verfängt, lässt ihn die Süße nicht wahrnehmen, die ihm Tag um Tag durch den Mund geht. Sie absorbiert allen Feingeschmack. Was den Menschen paralysiert[53], ist nicht fehlende Erkenntnis. Es ist ein Mangel an Liebe. Wer dem Weg der *Scala* folgt und sich dem Geschenk der göttlichen Liebe zu öffnen beginnt, wacht aus dem Zustand der Gefühllosigkeit auf. Er findet den Geschmack, der verloren ging, bevor er sich ganz entwickeln konnte. Die Liebe macht alle Dinge schmackhaft. Sie ist nicht allein das Ziel, sondern selbst der Weg.

52 Ex 15,24f.

53 Der provenzalische Text braucht hier den Ausdruck *paraleticada*.

Elementares Verkosten

Die Entdeckung der Süße Gottes, seiner einfachen und subtilen Präsenz in allem, weckt neuen Geschmack an der Welt in ihrer sinnlichen Fülle. Es tut sich ein anderer Lebensmodus auf. Die göttliche Liebe erschließt neue Erfahrungen in altvertrauten Wahrnehmungsfeldern. Sie macht uns nicht nur das Schöne schmackhafter, sondern lässt uns auch in den bitteren Meeren ‚süße Steine' entdecken.

Wie alle folgenden Wegstufen beschreibt die Stufe des Schmeckens einen Durchgang durch die vier Elemente. Die Freude am Irdischen, an Erde und Wasser, weckt einen Geschmack am Himmlischen, an Luft und Feuer. Auf der Treppe der göttlichen Liebe zeigt sich den achtsam Verkostenden die Erde als Ursprung aller Süße. Dass die in Honig, Früchten und anderen Köstlichkeiten wahrnehmbare Süße aus der Erde kommt, entspricht dem (antiken) und mittelalterlichen Ursprungsdenken. Im Ursprünglichen steckt die Fülle dessen, was sich geschichtlich entfaltet. Zur Bekräftigung verweist die *Scala* auf die Wissenschaft (die „Weisen dieser Welt") und die Heilige Schrift.

Verborgene Süße

Gleich zu Beginn des dem Wasser gewidmeten Abschnitts tauchen dieselben Autoritäten erneut auf, ergänzt diesmal durch jene des Kirchenvaters Ambrosius. Den Ausgangspunkt bildet die Erfahrung, dass das Wasser der Seen im Unterschied zum Meerwasser süß ist und dass Süßwasser salzig werden kann. Vom Salzgeschmack des Meeres schließt der Autor zurück auf eine ursprüngliche Süße.

Um die verborgene Süße des Süßwassers zu erschließen, fragt er zurück nach seinem Ursprung, der Paradiesesquelle. Der Unterschied zwischen See- und Meerwasser sei weniger groß als derjenige zwischen dem uns bekannten Süßwasser und dieser Quelle. Ihre Süße sei so übermäßig wie die Gottesliebe. Und wie diese verliert sie sich, wenn sie in diese Welt eintritt. Sie nutzt sich im Laufe der Zeit ab. Die Flüsse reiben sich an den Landschaften, die sie durchströmen, und verlieren dadurch ihre ursprüngliche Süße. Nur wer sich in die Einsamkeit zurückzieht und sich in Achtsamkeit übt, vermag diesen ursprünglichen Geschmack zu erahnen.

Vergleicht man diese Aussagen mit Ezechiels Vision von der Tempelquelle, in der das salzige Wasser seine ursprüngliche Süße wiedererhält,[54] so tritt die Intention, die die *Scala* mit ihrer mystisch-symbolischen Geografie verfolgt, deutlicher hervor. Nicht die Verwandlung des Wassers wird in den Vordergrund gestellt, sondern diejenige des Geschmackssinns. Auf dem Aufstiegsweg der göttlichen Liebe öffnet er sich allmählich für eine verborgene Süße, die er bisher nicht wahrnehmen konnte.

Tau und Feuer

Wie die Autorin Erde und Wasser miteinander verbindet, so werden auch Wasser und Luft ins Verhältnis gesetzt. Der Tau wird als Luft beschrieben, die sich in Wasser verwandelt. Im Tau liegt erneuernde Kraft. Durch den „Tau der Nacht“ werden Blumen und Mensch erquickt und

54 Vgl. Ez 47.

verlebendigt, die in der „Hitze des Tages“ austrocknen und verbittern.

Um die Verwandlung von Bitterem zu Süßem geht es auch im Abschnitt über das Feuer. Die Süße der Früchte, die in der Sonne reifen, sowie die Süße des Brotes, das aus dem Ofen kommt, werden auf das Feuer zurückgeführt. Es nimmt diesen lebensnotwendigen Gütern ihre Bitterkeit und lässt sie schmackhaft werden.

Die Autorin wiederholt am Ende der ersten Stufe die Klage über ihre Wahrnehmungsschwäche. Die tiefe Süße, die ihr täglich begegne, lasse sie unbemerkt vorübergehen. Doch wenn es ihr nicht an Wissen, sondern an Liebe mangelt, welche die elementaren Gaben schmackhaft macht: was hilft alle kluge Meditation? Widerstände und Einwände begleiten die Autorin. Es braucht auf diesem Weg Ausdauer und Geduld. Dafür steht das Bild des Aufstiegs und der Stufen. Die zweite Stufe führt über die erste hinaus.

(2) Vertraut werden: Den Kontakt vertiefen

Einen kostbaren Schatz zu entdecken, ist eines; ihn zu bergen etwas anderes. Mit dem Geheimnis, das uns flüchtig berührt hat, werden wir nur vertraut, wenn wir damit im Kontakt bleiben und uns das Gefundene nahegehen lassen. Durch achtsames Berühren und bewusstes Erspüren entwickelt sich ein Gefühl für das, was mir geschenkt ist. Eine solche Sensibilisierung geschieht nicht ohne eine Aufweichung von Verkrustetem. Der Kontakt vertieft sich durch die Bereitschaft, Schutzhüllen und Panzerungen loszulassen. Nur so kann ich das mich Umfassende und Tragende – die ‚Hand Gottes' – hautnah wahrnehmen.

Erdhafte Sanftheit

Was auf der ersten Stufe die Süße ist, wird auf der zweiten als Sanftheit erfahrbar. Für diejenigen, die achtsam wahrzunehmen verstehen, ist sie in allen Elementen zu finden. In der Sanftheit des Geschaffenen kommt der Tastsinn mit der göttlichen Sanftheit in Berührung. Dafür muss er sich in die Tiefe des Sinnlichen vortasten. Gottes unmittelbare Nähe, so lautet die Verheißung der *Scala*, lässt sich in der Sanftheit seiner Schöpfung erfühlen. Dem Wahrnehmungsvollzug entspricht auf intellektueller Ebene die Frage nach dem Ursprung der erfühlbaren Sanftheit. Sanft ist nach der *Scala* nicht nur, was aus der Erde kommt – der menschliche Leib und das Fell der Tiere –, sondern auch die Erde selbst. Und weil im Ursprung die Fülle dessen ist, was ihm entspringt, vermutet der Autor in der Erde eine Sanftheit, die alles Erlebbare noch übersteigt. Es fällt leicht, diesen Gedanken zu Ende zu führen: Weil Gott der Ursprung der Erde ist, übersteigt *seine* Sanftheit diejenige, die wir wahrnehmen können und die in gesteigerter Form in der Erde ist, in unvorstellbarer Weise.

Wie schon auf der ersten Stufe führt die *Scala* diejenigen, die sich aufsteigend der göttlichen Liebe annähern, auf bisher kaum betretene Erfahrungsfelder. Dass Gottes alles durchdringende Sanftheit herausgestellt wird, steht in einem scharfen Gegensatz zum dominanten Predigtthema der Zeit: dem Gericht. Wenn sie erklärt, dass diese Sanftheit auch in Tierfellen spürbar sei, so wagt sie eine Aussage, die in den Ohren ihrer Zeitgenossen neu und extravagant geklungen haben muss. Nicht genug damit: die *Scala* wagt noch einen weiteren kühnen Schritt, der eine stille Revolution bedeutet. Als ersten Erfahrungsort der göttlichen Sanftheit zeichnet sie die Sanftheit des menschlichen Leibes aus, die in der Berührung von Haut zu Haut wahrgenommen wird. Diese Sanftheit war von spirituellen Autoren bisher allein als zu vermeidende Gefahren- und Absturzzone wahrgenommen worden. Die *Scala* distanziert sich deutlich von dieser leibscheuen Tradition. Sie würdigt die Sanftheit des menschlichen Leibes und die mit ihr verbundene Berührungslust als einen Ort, wo Menschen mit Gottes Wirklichkeit in Kontakt treten können.

Die sanfte Berührung birgt einen Segen, der den Menschen, der in sein Nein verliebt ist, zu erweichen vermag. Darauf läuft auch die originelle Interpretation von Jakobs Erlistung des Erstgeburtssegens hinaus. Selbst in moralisch so problematischen Zusammenhängen, wie sie der Jakobszyklus erzählt, kann sich Gottes Sanftheit zeigen. Exegetisch lässt sich einwenden, dies sei aus dem angeführten Schriftzitat nicht zu entnehmen. Blickt man jedoch auf die ganze Jakobserzählung, kann man sie mühelos als eine Geschichte von Gottes Sanftheit deuten.

Mystische Kontaktfreude

Für die Sanftheit, die sich im Element des Wassers findet, führt die *Scala* eine für den spirituellen Zusammenhang ihrer Zeit höchst unkonventionelle Erfahrung an: die Lust am Baden, die dem Hautkontakt mit dem Wasser entspringt. Wie der zwischenleibliche Kontakt wird das Badevergnügen als Ort der Gottesbegegnung ausgezeichnet. Die Sanftheit des Wassers weckt mystische Freude. Es gehört zu ihrer Verflüssigung verfestigter Traditionsbestände, dass die *Scala* manche Schriftstelle gegen den Strich bürstet. So liest sie das leidvolle Zerfließen, von dem Psalm 22 spricht, als ein glückliches Zerschmelzen. Die sanfte Berührung des Wassers habe den Psalmisten in mystische Ekstase versetzt. Hier kündigt sich bereits eine Erfahrung an, die auf der vierten Stufe der *Scala* breiter entfaltet wird.

Berührende Luft

Das liebesmystische Motiv wird in den Elementen von Luft und Feuer weitergeführt und variiert. Was der *Scala*-Autor feststellt, wirkt nicht mittelalterlich: Um der Sanftheit der Luft willen ziehe es Menschen in die Berge. Das Vergnügen an der reinen Bergluft passt zur Freude am Baden. Dass genau darin *göttliche* Sanftheit zu erspüren sei, ist spiritualitätsgeschichtlich ebenso neu.

Innovative Kraft verrät auch die mystische Zoologie, mit der die *Scala* den Durchgang durch das Kontaktmedium

Luft krönt. Bei den unbewegt schwebenden Vögeln stehen der Autorin möglicherweise ruhig kreisende Adler vor Augen – oder hatte sie gar von der Flugkunst der Kolibris gehört? Sie deutet solche schwebende Ruhe als Verzückungszustand. Wer mit der göttlichen Sanftheit der Luft in Berührung komme, gerate außer sich – um sich in Gott wiederzufinden. Ein mystisch verzückter Vogel erscheint uns als seltsame Rarität. Doch findet er sich zeitgleich zur *Scala* auch in den sogenannten *Rothschild Canticles*, einer illuminierten Handschrift, die den spirituellen Aufstiegsweg ins Symbol der mystischen Palme fasst.[55] Auf sieben Ästen sitzen ebenso viele Vögel. Jeder steht für eine spirituelle Reifungsstufe. Die drei obersten (Nachtigall, Schwalbe und Phönix) markieren drei Formen von Entrückung. Der *Scala* am nächsten ist die Schwalbe, die mit ausgestreckten Flügeln unbewegt am Himmel zu stehen scheint.

Vom legendarischen Phönix, der im Liebesfeuer verbrennt und aus seiner Asche aufersteht, ist es nicht mehr weit zur Vorstellung, es gebe Fische, die „nachts aus dem Wasser herauskommen und bei der Sanftheit der Berührung der Luft und des Taus Edelsteine empfangen." Die *Scala* ist dem geheimnisvollen Ursprung der Perlen auf der Spur, die sich in seltenen Muscheln finden.

Verwandelndes Feuer

Die Sanftheit des Feuers glaubt der *Scala*-Autor in seiner Läuterungskraft entdecken zu können. Der Blick verweilt zuerst beim sinnlich wahrnehmbaren Feuer, geht dann

55 http://monasticmatrix.osu.edu/figurae/rothschild-canticles-f-5r-palma-contemplationis (2.1.2020).

jedoch unvermittelt auf das göttliche Feuer über, das die Seele sanft und geschmeidig werden lasse. Neben zwei biblischen Belegstellen wird wiederum Gregor der Große als spirituelle Autorität angeführt. Die ihm zugeschriebene Aussage, Gott belehre durch Berührung, verweist auf die mystische Tradition. Gottes Wirklichkeit ist nicht zu erfassen, doch können wir von ihr erfasst werden. Die *Scala* preist Christus als Meister, der ohne Bezahlung lehrt und Menschen mit der Schule der Liebe vertraut macht, in der alle große Lehrer werden können. Das lässt sich als versteckte Spitze gegen zeitgenössische Schultheologie lesen, die ihr Wissen elitär verwaltet und teuer verkauft.

Das franziskanische Klima, das die *Scala* durchdringt, ist an dieser Stelle mit Händen zu greifen. Liebesfeuer und Gotteserkenntnis zu kombinieren, kennzeichnet die franziskanische Antwort auf die ‚brennenden' Fragen der Zeit. Die Stigmata, mit denen Franziskus von La Verna heruntersteigt, sind ein lebendiges Symbol dafür. Die Wundmale, die er empfängt, reflektieren seine visionäre Begegnung mit der feurigen Liebe Gottes. Kein Wunder, dass Franziskus in seinem Brief an seine Brüder das Modell des dreifachen Weges[56] variiert und an dritter Stelle von der Entflammung spricht, die das Feuer des Heiligen Geistes bewirkt.

56 Läuterungs-, Erleuchtungs- und Vereinigungsweg.

(3) Neuheit: Sich wandeln lassen

Die Stufen der *Scala* führen vom Tasten und Schmecken zu den Fernsinnen, dem Sehen und Hören. Der Geruch bildet das Mittelstück des Aufstiegswegs. An die Stelle von Süße und Sanftheit tritt auf der dritten Stufe der Duft, der die erlebte Gegenwart zu verwandeln vermag. Düfte schaffen eine andere Atmosphäre. Sie lassen Werdendes erahnen, verheißen Erneuerung. Die Seele verspürt, so lesen wir im Epilog, „einen neuartigen Duft geistiger Dinge". Er erfüllt sie mit neuer, jugendlicher Kraft. Der Duft des herandrängenden Frühlings, der sich erwärmenden Felder, weckt aufkeimende Lebensenergie.

Erdgeruch

Der Sinnenweg durchläuft erneut die vier Elemente in der vertrauten Reihenfolge. Die duftende Erde macht den Anfang. Für die *Scala* ist die Erde nicht allein süß und sanft, wie auf den ersten beiden Stufen zu entdecken war. Sie birgt, so zeigt sich nun, auch überströmenden Duft. In Kräutern, Blumen und Früchten wird ein göttlicher Erdgeruch zugänglich. Er geht in Gewürze, Salben und Spezereien ein. Die franziskanische Tradition macht sich bemerkbar. Preist doch der Sonnengesang Gott durch „Schwester, Mutter Erde", die uns mit ihren Früchten ernährt und durch wohlriechende Blumen geschmückt ist.

Der würzige Erdgeruch kommt aus verheißungsvoller Ferne. Er verweist auf Herkunft und Zukunft, auf Gottes neue Wirklichkeit. Die *Scala* nimmt an dieser Stelle ein Leitwort aus dem Prolog auf. Sie spricht von der Feinheit (*subtilitat*) Gottes. Der Duft, der uns auf Gottes Gegenwart aufmerksam machen kann, ist subtil. Er bedarf der höchsten Aufmerksamkeit und Behutsamkeit.

Dass die *Scala* nicht auf den Weihrauch verweist, mag erstaunen. Bibel und Liturgie legten einen solchen Vergleich nahe – zu nahe vielleicht für ein Werk, das wie die *Scala* neue Wege beschreiten und ungewohnte Perspektiven eröffnen will. Anspielungen auf altvertrauten Kirchengeruch werden sorgsam vermieden. Stattdessen wird auf den Erstgeburtssegen Isaaks verwiesen. Die Geschichte steht eigentlich eher für Sinnestäuschung. In der Überzeugung, den erstgeborenen Esau vor sich zu haben, segnet der erblindete Vater den zweitgeborenen Jakob und vergleicht ihn mit dem Duft eines reifen Feldes. Die *Scala* universalisiert das: „Dieses Feld voll von Düften ist diese Welt, die in ihren Blumen, ihren Früchten, ihren Gewürzen und ihren Salben den Geruch Gottes in sich verborgen hält."

Auch der neutestamentliche Bezug fehlt nicht. Gottes universale und verborgene Gegenwart wird im Christusereignis zugänglich. Sie verströmt sich im zerbrochenen Gefäß des Lebens Christi wie der Duft einer kostbaren Salbe. Das ganze Haus – Kirche und Welt – werden davon erfüllt. Schöpfungsspiritualität entpuppt sich hier als Liebesmystik. Nach der auch für ihre Zeit unkonventionellen Schriftauslegung der *Scala* nimmt Maria Magdalena, die Gottesfreundin, am letzten Abendmahl teil. Was Johannes, der Lieblingsjünger, ausruft, ohne dass es im Johannesevangelium ausdrücklich zu finden wäre, könnte auch Maria Magdalena im Munde führen: „Dein Duft hat umfangen meine Seele mit Sehnen und unstillbaren Wünschen!"

Berauschende und erneuernde Wasserdüfte

Das Element des Wassers mit dem Geruchssinn zu verbinden, ist keine einfache Aufgabe. Die *Scala* löst sie elegant, indem sie auf die Süße zurückkommt, die ebenso eine Geschmacks- wie eine Geruchsqualität bezeichnet. Im Wasser findet sich, so die Beobachtung, nicht allein der schon beschriebene süße Geschmack, sondern auch ein überaus wohlriechender Duftstoff: die Ambra. Dieser Duft entziehe sich der menschlichen Nase, sei jedoch für Fische derart verlockend, dass sie sich an ihm tödlich berauschen könnten. Tatsächlich wird Ambra, die auch heute noch zur Parfümherstellung benutzt wird, aus toten Meeressäugern gewonnen: aus Pottwalen. Doch die *Scala* schöpft auch aus der persisch-arabischen Märchenliteratur. In *Tausendundeine Nacht* wird erzählt, wie wachsartige Ambra aus einer Quelle ins Meer fließt. Dort wird sie von Riesenfischen verschluckt und in eine wohlriechende Substanz verwandelt.

Einmal mehr wird auf ein überraschendes Schriftzitat zurückgegriffen, um die eigentümliche Sinneserfahrung biblisch zu belegen. Es stammt aus dem Buch Hiob und verweist auf die Erneuerungskraft des Wasserdunstes. Wir können uns einen süßen Frühlingsduft vorstellen. Er lässt die Wurzel eines gefällten Baums neu sprießen und zum starken Baum werden. Dies wahrzunehmen sei köstlich und trostvoll. Wenn es für einen abgestorbenen Baumstrunk Hoffnung gibt, dann auch für eine spirituell erschöpfte Seele. Selbstkritisch bekennt der Autor, im „Staub der Eitelkeit“, im ewigen Kreisen um sich selbst, alt geworden zu sein. In einer materialistisch zentrierten Welt, dem „Land der Fleischlichkeit“, habe er seine Seele verloren.

Nimmt man die Beschreibung der berauschenden Ambra und das Hiobzitat zusammen und verbindet beides mit der vorangehenden Anspielung auf das letzte Abendmahl sowie der urchristlichen Bedeutung des Fisches als Christussymbol, so ergibt sich das Bild einer mystischen Verwirklichung des Ostergeheimnisses: Der süße Ambra-Duft, der vom Leben und Sterben Christi ausgeht, bewirkt in denjenigen, die von ihm erfasst werden, eine tiefgreifende Verwandlung. Sie gehen vom Tod ins neue Leben über.

Duft der nahen Ferne

In der Luft kommt der Geruchssinn in sein Element. Umso überraschender ist, wie knapp sich der *Scala*-Autor fasst. Er beobachtet, dass Düfte träge sind: Sie haben eine Verweildauer. Wir empfinden den Duft in der Luft, auch nachdem die duftenden Dinge uns entzogen sind. Das Entschwundene bleibt anwesend. Ein halbes Jahrhundert später wird der Dominikaner und Eckhart-Schüler Heinrich Seuse die Nachwirkung einer mystischen Erfahrung in dieser Weise beschreiben: „Die Kräfte seiner Seele," so heißt es in seiner Vita, „waren von lieblichem, himmlischem Duft erfüllt, so, wie wenn man wohlriechende Salbe aus einer Büchse schüttet und sie dennoch den guten Geruch behält."[57]

Um den würzig-süßen Geruch wahrnehmen zu können, der sich in einer Lebkuchenbüchse festgesetzt hat, führen wir sie nahe an unsere Nase. Wie der Geschmack

57 Heinrich Seuse, Deutsche mystische Schriften. Übers. u. hrsg. v. G. Hofmann. Zürich/ Düsseldorf 1999, 40 f. (Vita 2).

und das Gespür ist der Geruchssinn ein ‚Nahsinn'. Zugleich ist er auch ein ‚Fernsinn'. Die *Scala* verdeutlicht dies am Beispiel der Zugvögel. Auf ihren weiten Flügen orientieren sie sich mittels ihres feinen Geruchssinns. Es gibt heute andere Erklärungen für den erstaunlichen Orientierungssinn der Zugvögel, der von der *Scala* angezielte mystisch-poetische Sinn bleibt dennoch gültig. Gleichen nicht auch diejenigen, die auf der Leiter der göttlichen Liebe unterwegs sind, Nahrung suchenden Zugvögeln? Sind nicht auch sie in ein nah-fernes Land unterwegs? Dank ihrer Witterungsgabe kennen sie die Richtung. Der Duft der göttlichen Liebe begegnet ihnen schon unterwegs. Er zieht sie voran, gibt ihnen Kraft zum Aufstieg.

Feuer- und Frühlingsduft

Göttlicher Duft ist auch im Feuer zu finden. Die *Scala* verweist auf die Erfahrung, dass Kräuter, Gewürze und Reisig im Feuer intensive Gerüche entfalten. Feuer und Wärme treiben den verborgenen Duft hervor. Das wird mit alltäglichen Beispielen belegt. Äpfel, die in warmen Händen ruhen, riechen intensiver als in einer kühlen Kiste. Ein Schriftvers schlägt die Brücke zur spirituellen Wahrnehmung. Gottes Duft gleiche demjenigen von Lilien und Rosen, wie er von der Frühlingssonne hervorgelockt werde. Er ist wie grünes Reisig[58] im Sommer,

58 Im provenzalischen Text steht ‚esses', ein Wort, dessen Bedeutung nicht bekannt ist. Nach K. Ruh könnte es sich um eine Variante von ‚isserem' handeln, was ‚Reisig' bedeutet.

wie süßer Duft von sonnendurchfluteten Pinien- oder Föhrenwäldern.

Wahrnehmungsschwäche

Wie bei den vorangegangenen Stufen wendet sich der Blick am Ende auf die *Scala*-Autorin selbst. An das zuletzt Betrachtete anknüpfend beklagt sie, es fehle ihr das Feuer der Liebe. Allein dieses mache den süßen Duft Gottes wahrnehmbar, „durch den alle Geschöpfe duften". Wer die *Scala* liest, kann bei sich selbst eine ähnliche Anästhesie des Geruchssinns entdecken. Doch diese unangenehme Einsicht ist mit einer Verheißung verknüpft. Wo diese Wahrnehmungsschwäche nachlässt, werden nicht allein neue Erfahrungen geschenkt, sondern die Erfahrung des radikal Neuen. Das Leben der auf der Liebesleiter Aufsteigenden taucht in „einen neuen Duft, den sie vorher niemals wahrnehmen konnten". Das führt sie über sich hinaus – auf die nächste, auf die ekstatische Stufe der *Scala*.

(4) Ekstase: Sich hingeben

Wer mit Gottes Liebe in Berührung kommt, dem öffnen sich die Sinne – und dem schwinden sie. Die ekstatische Dimension mystischer Erfahrung, die sich bereits auf den ersten drei Stufen der *Scala* ankündigte, kommt auf der vierten zum Durchbruch. Trunken von Gottes Melodie, geraten die Aufsteigenden außer sich. Gottes maßlose Liebe, die in entrückendem Wohlklang erfahrbar wird, sprengt das Wahrnehmungsvermögen. Sie ist nicht zu fassen. Für diese Liebesekstase, die Gottes eigener Ekstase entspricht, führt die *Scala* ein Fachwort aus der Troubadoursprache ein: *descenamen*. Es handelt sich um ein Von-Sinnen-Sein als Intensivform sinnlichen Erlebens. In keiner anderen Strophe häufen sich die Paradoxe so wie in dieser. Sie umschreibt ein glückliches Sich-entrissen-Werden, das die von göttlicher Liebe Entflammten zu sich finden lässt.

Irdischer Resonanzraum

Erneut fragt die *Scala* nach dem Ursprung. Ausgehend von den klingenden Glocken, die zum Gebet einladen, und den Saiteninstrumenten, die die Gottesliebe erwecken, wird der wunderbare Klang erschlossen, den die Erde dem Metall und dem Holz verleiht. Die entrückenden Klänge kommen aus einer ungreifbaren Ferne. Der Bezug zur Schöpfung wird heilsgeschichtlich geöffnet. Nicht aus sich selbst klingt die Erde. Sie ist nur Resonanzköper. Aus ihr tönen geheimnisvolle Gesänge und Geräusche, die von woanders kommen: himmlischer Gesang und Engelsflügelschlag. Auch diese Klänge sind responsorisch. Sie antworten auf den Ruf und Gesang Gottes.

Zum Klangereignis, das die *Scala* evoziert, gehört Johannes der Täufer. Er hört nicht nur, sondern ruft auch. Von seiner markanten Stimme hallt die Erde wieder, bis heute. „Ich bin eine Stimme, die ruft in der Wüste: ‚Bereitet den Weg für Gott, der da kommen soll'".

Überschäumende Musik

Während die Erde sanft und leise klingt, tönen das Meer und die Flüsse kräftig und mächtig. Die *Scala* beschreibt ein gewaltiges Crescendo. Im schäumenden und über die Ufer tretenden Meer mit seinen sich überstürzenden Wellen vernimmt sie eine ‚Lehre' von großer Süße, die in ekstatischem Gotteslob unterweist. Die maßlose Liebe macht Gott und Mensch trunken. Von ihr bewegt, tritt Gott über sich hinaus, um sich in die Welt hinein zu verströmen. Die göttliche Liebe kennt keine Vernunft, keine Grenze. Sie will auch die Fernen erreichen, die Unwilligen und Verschlossenen, die gegenüber der mitreißenden Liebe Gottes hohe Dämme errichtet haben. Wie wir wissen, zählt der Autor sich selbst zu den Neinsagern. Ihnen gilt das Kommen Christi. Die Welle der ‚ersten Liebe', mit der Gott die Welt liebt und sich in sie verliebt, schwappt über auf die Welle der ‚letzten Liebe', die Christus verkörpert und die sich in seiner Lebenshingabe besiegelt.

Der Durchgang durch das klangvolle Element des Wassers endet mit einem stammelnden Bekenntnis. Dabei werden die Lesenden unvermittelt angesprochen: „Aber sicher, ich vermag es nicht zu sagen, und du weißt nicht, wie du es verstehen sollst …" Die törichte und trunkene

Liebe Gottes, welche die Dämme des Unwillens durchbricht und die „Mühlen“ menschlicher Mühe mitreißt, raubt dem Schreibenden die Sprache – und treibt sie hervor.

Beklagte die Autorin im Prolog ihre undankbare Seele, so bekennt sie sich nun zum „Gott meines Herzens“. Ihr Innerstes ist durchlässiger geworden. Angerührt durch die göttliche Melodie beginnt es zu antworten. Die Erwiderung auf das Klangereignis verdichtet sich in einem mystischen Gebet: „Ich bete zu Jesus Christus, er möge mir nicht gewähren, aus dieser Welt zu gehen, bevor meine Seele in diesen Wellen ertrunken ist.“

Verzaubernde Musik

Im Element der Luft treten wieder leisere Töne hervor. Ein „sehr süßer Klang“ sei in ihr zu vernehmen. Er bezaubert die Hörenden. Die Süße der göttlichen Gegenwart erschließt sich im Medium der Musik. Die *Scala* ist nicht verlegen, dies mit Beobachtungen aus ‚Wissenschaft‘ und Alltag zu belegen. Vögel sängen in der Luft lieber als auf der Erde. In der Luft seien sie in ihrem Element. Das zeige ihr Gesang. In ihm wird die verborgene Süße der Luft, die sie allein wahrzunehmen vermögen, auch für den Menschen erfahrbar. Das zeige sich besonders an der verliebten Nachtigall, die vor lauter süßem Klang von Sinnen gerate (*descenan*). Die *Scala* greift hier auf Sprache und Erfahrungswelt der Troubadourdichtung und Liebesmystik zurück. Möglich, dass der unbekannte Autor verschlüsselt von sich selbst und seiner Erfahrung als mystischer Dichter spricht.

Von der ‚biologischen‘ Beobachtung wechselt die Aufmerksamkeit unvermittelt zur theologischen Spekulation.

Wenn es schon der Nachtigall mit ihrem eigenen Gesang so geht: wie erst den Engeln, die dem göttlichen Klang lauschen? Doch Gott sorgt vor: Die berückende Schönheit, der überhelle Glanz Gottes wird durch seine Liebe gemildert und erträglich. Ihre Glut schenkt denjenigen, die sich ihr öffnen, „immerzu neue Kraft". Was für die Nachtigall und die Engel gilt, betrifft den Menschen ebenso. Es geht um die Gravitationskraft der göttlichen Liebe. Wer sie uneingeschränkt begehrt, wird ganz auf Gottes Wirklichkeit ausgerichtet. Bei der „Süße" und den „Süßigkeiten" des Himmels ist es anders. Sie können auch selbstbezogen begehrt werden.

Gottes entrückender Gesang

Wie der göttliche Klang, den die Luft in sich birgt, ist auch derjenige des Feuers berückend und beglückend. Die ästhetische Verzückung über den Wohlklang verwandelt sich in die Entrückung der Liebe. Der Blick wechselt von der Ekstase, die Nachtigall und Engel erleiden, zur menschlichen und göttlichen Ekstase. Gott ergießt sich in Feuerzungen auf die Erde und entflammt die Jünger. Die maßlose Liebe, die sie erfasst, lässt sie außer sich geraten (*descenec*). Übersüß ist, was sie hören und lauschend trinken. Das Feuer, das sie erfasst, lässt sie aus dem Gehäuse ihrer Angst heraustreten. Sie beginnen selbst mit flammenden Zungen zu sprechen. Die neue Sprache, zu der sie stammelnd finden, knistert vor Energie.

Offenkundig wird die Autorin selbst von diesem Feuer erfasst und gerät ebenfalls von Sinnen. Das zeigt sich sprachlich in überlangen Sätzen, die zugleich stammelnd wirken. Entzündet von dem, was sie berichtet, findet die

Verfasserin zu einer Gottesrede, die im Horizont ihrer Zeit ebenso originell wie gewagt ist. Sie zeichnet Gott als Balladensänger. Der feurige Gesang der Troubadoure hat damit ein göttliches Vorbild. Gleich dem Gesang eines charismatischen Troubadours, der sein Publikum anfeuert, reißt Gottes Gesang die Geschöpfe mit. Es kommt zu einem berauschenden Wechselgesang zwischen Gott, der Liebe und den Geschöpfen. Die Rollen sind klar verteilt. Gott singt vor und lädt zum Mitsingen ein. Er spricht nur ein einziges Wort: „Liebe!" Damit ist alles gesagt. Die Liebe und die Geschöpfe antworten: „Du hast uns geschaffen, um zu lieben!" Gegenüber solchem Überschwang mag die ‚Seele' des *Scala*-Autors noch Vorbehalte haben. Doch sein Leib kann nicht anders, als mitzuschwingen und mitzuklingen.

Die Schilderung des ekstatischen Wechselgesangs wird durch eine Erläuterung unterbrochen: „Und da dein Leib ein hohler und runder Gegenstand ist, ist es nicht anders möglich, als dass er erzittert und widerhallt vom Wohllaut, den er von Gott und von den Geschöpfen vernimmt."

Der menschliche Leib erfährt hier eine ihm bisher nicht zugesprochene spirituelle Würde und Wertschätzung. Er ist nicht das Grab der Seele, sondern ihr Klangraum. Die *Scala* vergleicht ihn mit einer Viola: Die Adern sind klingende Saiten. Dank seiner Leiblichkeit kann die göttliche Melodie im Menschen ankommen und Resonanz finden. Sie lässt ihn freudig erzittern, noch bevor er zu verstehen beginnt. Während die Seele noch mit ihrem Nein kämpft, singt der Leib mit den vernunftlosen Kreaturen „um der Liebe willen".

Rückblick und Ausblick

Die Erkundung des göttlichen Klangs in allen vier Elementen endet mit einem kurzen Rückblick. Die zur göttlichen Liebe Aufsteigenden geraten auf der vierten Stufe außer sich. Was die *Scala* beschreibt, ist der Inbegriff mystischer Gotttrunkenheit. Von Gott berührt, vergehen den Liebeshungrigen die Sinne. Am Ende auch das Hören? Die *Scala* lässt offen, ob das Von-Sinnen-Sein sich auf die sinnliche Welt beschränkt. Offenkundig vergeht nicht jede Form von Bewusstsein. Doch was sich einstellt, ist nicht mehr zu beschreiben.

Müsste die *Scala* nicht an dieser Stelle enden? Kann solche Gottunmittelbarkeit noch gesteigert werden? Es gehört zu den Überraschungen der *Scala*, dass ihr Weg nicht in der Liebesekstase endet. Der Weg führt weiter. Er führt zurück in die Nüchternheit: zurück zu sich, zur Welt, zum Nächsten. Das entspricht der franziskanischen Tradition und dem Liebesverständnis des Evangeliums. In der Rückkehr rundet sich der Weg. Die Erfahrungen des ekstatischen Auf- und Ausstiegs bedürfen der Erdung und der Integration. Sie haben sich im spannungsreichen Alltag weltlichen Lebens zu bewähren.

(5) Gewissheit: Vertrauensvoll leben

Die fünfte Stufe, die sich dem Gesichtssinn zuwendet, trägt den Namen ‚Gewissheit'. Der Epilog gibt dafür eine schlichte Begründung: „Was gesehen wird, das kann der Mensch für gewiss halten." Schauen schenkt Klarheit. Es ermöglicht verlässliche Orientierung, Durchblick. Auf dem Aufstiegsweg vermittelt es die Gewissheit, dass am Ende alle Macht der göttlichen Liebe gehören wird. Dem geduldig verweilenden Blick zeigt sich in der Schönheit der Geschöpfe wie in einem Spiegel das „liebe Antlitz Jesu Christi". Die *Scala* verweist auf Franziskus, der in seinem Sonnengesang seine Schau- und Liebeserfahrung zu Gotteslob verdichtete.

Lichtfülle

Die gewohnte Abfolge der vier Elemente wird auf der fünften Stufe zu einer Spirale geformt. Den Einstieg bildet nicht die Erde, sondern das Licht, das dem Feuer zugeordnet ist. Damit sind auch das Ende der vierten und der Anfang der fünften Stufe miteinander verknüpft. Die *Scala* betrachtet das Licht als „edelste sinnliche Kreatur". Es ist die höchste Manifestationsgestalt der sichtbaren Welt. Die unsichtbare Welt der Engel übertrifft die Schönheit des Sonnenlichts zwar an Fülle und Glanz. Doch die *Scala* konzentriert sich wie auf allen Stufen auf das sinnlich Wahrnehmbare – und findet darin Gottes Schönheit.

Je mehr ein Geschöpf am göttlichen Licht Anteil hat, desto höher steht es. Gilt das auch für den Menschen? Die *Scala* bejaht das indirekt in dem Gebet, das sie den Leserinnen und Lesern ans Herz legt. Sie sollen um göttliche Erleuchtung bitten, um das Licht, das Selbsterkenntnis bewirkt und ihrem Leben Glanz und Orientierung schenkt.

Eine scharfe Polarisierung zwischen Erleuchteten und solchen, denen das Licht noch gänzlich fehlt, wird jedoch vermieden. Der Autor bleibt seinem Universalismus treu. Das göttliche Licht findet sich in allen Geschöpfen und verleiht ihnen Glanz und Schönheit. Wer danach sucht, entdeckt sie überall. Nicht zufällig sind die Beispiele dafür der Alltagswelt entnommen. Rußige Kochtöpfe und Pfannen beginnen zu glänzen, wenn man sie kräftig schrubbt. Und mögen Seidenraupen noch so unansehnlich sein: Wir verdanken ihnen die schönsten und farbigsten Seidenstoffe. Dass sich in Schlangen- und Krötenköpfen edle Steine finden, mag ins Reich der poetischen Naturkunde gehören, wie sie die *Scala* liebt. Dabei folgert sie vom Kleinen aufs Große: Wenn sich bei den Geschöpfen, die uns als hässlich erscheinen, soviel Schönheit und Glanz verbirgt – wie viel dann erst bei den anderen?

Widerglänzende Erde

Vielfarbige Blüten und hell glänzende Edelmetalle weisen auf verborgene Reichtümer der Erde. Im Unterschied zum Rückschlussverfahren der vorangehenden Stufen ortet die *Scala* den Glanz allerdings nicht in der Erde selbst. Dass aus ihr glänzende Dinge stammen, gründe im Sonnenlicht. Es temperiere die Erde. Nur ein warmer Planet kann schöne und glänzende Dinge hervorbringen. Das entspricht auch heutiger naturwissenschaftlicher Erkenntnis.

Zwischen der kreatürlichen Wirklichkeit des Lichts und der Wirklichkeit Gottes, die sich in diesem Licht erfahrbar macht, wurde bereits eingangs unterschieden. Das wird nun weiter präzisiert. Gott ist nicht jenseits des sinnlich erfahrbaren Lichts, sondern inmitten von ihm. Er wohnt in der Schönheit seiner Geschöpfe. Als Quelle des Lichts ist er ihnen zugleich ‚gegenüber'. Er ist ihnen zugewandt. Biblisch gesprochen: Er lässt sein Angesicht über ihnen leuchten und bringt sie zum Strahlen. So wie ein Kindergesicht zu leuchten beginnt, wenn die Mutter es anlächelt (und umgekehrt), so glänzt Gottes Gesicht in seinen Geschöpfen auf. Auch im Menschen. Er kann sich im Gebet, das die *Scala* ihm vorlegt, dafür öffnen.

Goldige Gewässer

Erneut ist es die spirituelle Lektüre der Bibel, die die Augen für die erhabene und erhebende Schönheit öffnet, die sich in der Kontemplation des Wassers zeigt. Der durch die Schrift geformte Blick sieht das Vertraute neu. Inspiriert durch die Lektüre des Hiobbuchs sieht die *Scala*-Autorin in manchen Flüssen „Goldsand" glänzen. In anderen schaut sie, angeregt durch die Offenbarung des Johannes, einen Kristallglanz, in dem sich der Himmel spiegelt. Und im Betrachten einer Quelle entzündet sich im Licht der Psalmen die Sehnsucht nach seelischer Läuterung.

Diese spirituelle Weise, mit der Schrift umzugehen, bietet ein Modell, wie die *Scala* selbst gelesen werden kann. Sie eröffnet neue Erfahrungen mit der sinnlichen Wirklichkeit: mit dem glitzernden Sonnenlicht auf einem langsam dahinströmenden Fluss, der kristallklaren Qualität von Quellwasser, der Frische eines Bergbachs. Das sinnliche Erleben verändert seine Qualität, wenn der Horizont wechselt, in dem es sich vollzieht. Die *Scala* setzt an beiden

Enden an: Sie betrachtet alles im Horizont der göttlichen Liebe; und sie ermutigt dazu, in diesem Horizont die sinnliche Wahrnehmungswelt neu zu entdecken.

Die Farbe des Himmels

Sogar die Luft, die selbst nicht zu sehen ist, kann Erfahrungen von Schönheit und Klarheit vermitteln. Die *Scala* lädt dazu ein, die Farbe des Himmels zu erkunden. Angeregt durch Ex 24,10 sieht sie im tiefen Blau, in das sich der Himmel an hellen Tagen kleidet, die menschliche und göttliche Wirklichkeit zueinander finden. Im saphirblauen Himmel sieht die Autorin ihren Seelengrund gespiegelt. Dieser übertrifft den sichtbaren Himmel an Helligkeit, Reinheit und Ruhe.

Das Demutsmotiv, mit dem die *Scala* begann, kehrt im Blick auf die Höhe des Himmels wieder. Liegt seine ‚Demut' darin, ein edelsteinerner ‚Fußschemel' Gottes zu sein, so ist die Demut des Seelengrunds die Empfänglichkeit für Gott. Wie der Welthimmel zum Spiegel der Seele wird, so deren Grund zum Spiegel für den Glanz Gottes. Die unruhigen Seelenkräfte (Verstand, Willen und Einbildungskraft) finden bei dem zur Ruhe, über den hinaus nichts Größeres begehrt, gedacht und empfunden werden kann.

Kontrasterfahrungen

In der Schau von Feuer und Licht kommt der Aufstiegsweg der *Scala* an sein vorläufiges Ziel. Überraschenderweise endet die Treppe nicht im Himmel, sondern führt auf den harten Erdboden zurück. Der Aufstieg mündet in einen Weg, der durch die Wüste führt. Nur gebrochen und indirekt ist der Himmelsglanz hier erfahrbar: als Feuersäule, die die Nacht erleuchtet und Orientierung schenkt.

Das Thema, mit dem die *Scala* ausklingt, ist die Spannung christlichen Lebens: die Erfahrung von ‚Trost' im ‚Misstrost'. Zwei spirituelle Autoritäten – Bernhard von Clairvaux und Gregor der Große – belegen diese Erfahrung und ebenso die zwei Schrifttexte, die ausführlich ausgelegt werden. Beide erzählen von Kontrasterfahrungen. Israel erfährt Gottes mitgehende Gegenwart in zweifacher Gestalt: während des Tages als Wolke, des Nachts als Feuer. Kontrastreich ist auch die neutestamentliche Erfahrung von Gottes Präsenz. Die Jünger erfahren sie in der Gegenwart Christi, in der Schau seines leuchtenden Gesichts – doch ebenso als Wolke, die sie einhüllt und ihnen den Blick verstellt.

Solange jemand auf der Stufenleiter, die Gottes Liebe ihm baut, unterwegs ist, erfährt er das göttliche Licht nicht unvermischt und unvermittelt. Zwar betont die *Scala* die positiven und lustvollen Erfahrungen. Doch auf allen Stufen finden sich auch Hindernisse und Widersinniges: Bitterkeit, Verhärtungen, Gestank, Missklänge und Schatten. Es gehört zum heiteren Zuge des provenzalischen Werks, dass es trotz des Widersinnigen, das der Autor auch bei sich selbst wahrnimmt, eine kindliche Freude an der Welt artikuliert und im sinnlichen Erleben des Schönen eine Treppe zur göttlichen Wirklichkeit erblickt.

Die Kontrasterfahrung, die die Autorin an den Schluss stellt, knüpft an diejenige des Anfangs an: dem Leiden an sich selbst. Wie Franziskus, gezeichnet von seinem Leiden und der Passion Christi, in seinem Sonnengesang nicht nur die Schönheit der Schöpfung besingt, sondern auch das Leiden an Schuld und Tod thematisiert, so weist auch die *Scala* darauf hin, dass sich Gottes Gegenwart nicht allein in ‚schönen' Erfahrungen finden lässt, sondern auch in deren Entzug: in der „Trostlosigkeit dieser Welt". Weil sich Gott nicht entzieht, sondern verschenkt, bleibt dieser Trost auch dann noch zugänglich, wenn das sinnlich Wahrnehmbare keinen Trost mehr zu vermitteln vermag.

Als wäre dies nicht klar genug, wagt die *Scala* eine paradoxe Zuspitzung: Ohne Gott wäre das Paradies die Hölle. Alle Süße wäre ohne Gott nichts. Damit relativiert die *Scala* am Ende die sinnlich vermittelte Süße, die sie so ausführlich beschrieben hat. Das Sinnliche hat seine Süße und sein Licht nicht in sich oder aus sich selbst. Es ist nur Medium und Spiegel. Wer das Spiegelbild liebt, ohne nach seiner Herkunft zu fragen, liebt den Schein und lebt in illusionärer Wirklichkeit. Mit sinnlichen Mitteln führt die *Scala* über die Spiegelwelt sinnlicher Wahrnehmung hinaus. Die achtsam-liebevolle Zuwendung entdeckt überall Stufen der göttlichen Liebe. Sie entmischt die Ambivalenzen. Der kontemplativ-sinnliche Aufstiegsweg nährt die Gewissheit, die Menschen auch in Dunkelheit und Zwielicht vertrauensvoll unterwegs sein lässt. Achtsames Wahrnehmen, das sich von der Verheißung des Evangeliums leiten lässt, führt zum Gewahrsein des unbedingt Verlässlichen.

Rückblick und Ausblick

Die *Scala* endet mit einem Rückblick, der das Wichtigste nochmals hervorhebt. Die fünf Stufen bekommen einprägsame Namen: Freude, Vertrautheit, Neuheit, Ekstase, Gewissheit. Diese fünf Worte[59] sind ein Kondensat des Textes und ein Schlüssel zu der besonderen Art und Weise, zur Gottesliebe hinzuführen. Sie verlocken, sich auf diesen Aufstiegsweg einzulassen. Die fünf Stufen zeichnen einen spirituellen Entwicklungsweg vor, der nicht von Angst und Leistungsdruck bestimmt ist, sondern von Freude und Gelassenheit. Die Stufen sind eine Verbindung von hier nach dort, von draußen nach drinnen, vom Zustand der Trennung zur Einheit mit der göttlichen Liebe. Das Licht des Palastes, zu dem die Treppe hinführt, fällt schon auf die Stufen. Bereits der Aufstieg, nicht erst das Ziel macht Freude.

Auch am Ende seines Werks beschreibt der Autor die Treppe nicht von oben, sondern von unten. Sein Rückblick ist ein Ausblick nach oben, ein Aufblick. Damit schließt sich der Kreis zum Anfang. Der Autor bekennt erneut, selbst noch ganz unten zu stehen. Das entspricht dem Geist der ‚Humiliaten', der Demütigen, denen er zuzurechnen ist. Was er beschreibt, zeugt dennoch von reicher Erfahrung. Denn kann jemand den Stufenweg der göttlichen Liebe derart eindringlich und unkonventionell schildern, der ihn nicht schon selbst hochgestiegen ist? Und würden wir uns jemandem anvertrauen, der ihn nicht selbst gegangen und mit ihm vertraut ist?

---

59 Die Scala spielt auf 1 Kor 14,19 an.

Die Diskretion und Verschwiegenheit, die der Autor bis zum Schluss wahrt, schafft einen offenen Raum für die heutige spirituelle Lektüre dieses Werks. Dass es erst gegen Ende des 20. Jahrhunderts seinen Weg in eine moderne Sprache gefunden hat, ist seine besondere Chance. Die Unmittelbarkeit des sinnlichen Erlebens, die es beschreibt, wird nicht verstellt durch eine lange Auslegungstradition. Sie beginnt erst heute und trägt noch den Zauber des Anfangs in sich.

Die Zeit ist reif für die Entdeckung der *Scala*. Der Sinn für die spirituelle Bedeutung der Sinne und des achtsamen Wahrnehmens ist in den letzten Jahren und Jahrzehnten gewachsen. Zugleich ist das für die *Scala* zentrale religiöse Motiv der Gottesliebe schwer zugänglich. In der kühlen Welt der Postmoderne hat die Gottesliebe einen schweren Stand. Ist es nicht schon anspruchsvoll, in einer säkular geprägten Gesellschaft an die Wirklichkeit Gottes zu glauben? Gehört die Gottesliebe nicht zu jenen alten religiösen Idealen, von denen man sich um der Welt- und Nächstenliebe willen besser verabschiedet?

Die *Scala* versteht die Gottesliebe nicht als Gegensatz zur Weltliebe, sondern als deren Voraussetzung. Sie ist nicht eine mühsam zu erbringende Leistung. Die Treppe, die vor unseren Augen entsteht, ist kein steiler Aufstieg, für den es besondere Kraftakte und Klimmzüge braucht. Die Erhebung, die sie ermöglicht, geschieht sanft und durch Mittel, die allen zur Verfügung stehen: fünf Sinne und vier Elemente. Gottes Liebe selbst baut die Stufen und schenkt die Kraft zum Aufstieg. Das Einswerden mit der göttlichen Liebe vollzieht sich nach den letzten Sätzen der *Scala* ohne Anstrengung. Das Wunder geschieht leise und nicht aus menschlichen Kräften. Diejenigen, die sich durch ihre Sinne und ihr Begehren der göttlichen Liebe öffnen, gehen unmerklich in sie ein.

Am Ende der Lektüre stehen die heutigen Leserinnen und Leser gemeinsam mit der *Scala*-Autorin, die sich mit ihnen solidarisiert, am Fuß einer Treppe, die zum Begehen einlädt. Wenn die Lektüre einen neuen Geschmack am Leben geweckt hat, haben sie ihren Fuß schon auf der ersten Stufe.

Quellenangaben

Kritische Edition:

Vital Motte, Scala divini amoris. Mystischer Traktat in provenzalischer Sprache aus dem XIV. Jahrhundert, Halle 1902.

Übersetzung:

Kurt Ruh, ‚Scala divini amoris'. Ein mystischer Traktat in provenzalischer Sprache, in: Zeitschrift für Deutsche Philologie 113 (1994), Sonderheft, 3–30; © Regina Bayer-Ruh.

Die Übersetzung von Kurt Ruh wurde für die vorliegende Ausgabe an die neue Rechtschreibung angepasst. Um der besseren Lesbarkeit willen, wurden die Satzzeichen an einigen Stellen verändert. Die Gliederung folgt in den meisten Fällen der Edition von Motte. Die Überschriften stammen vom Herausgeber.